L'homme de Galilée

Atticus G. Haygood

Writat

Cette édition parue en 2023

ISBN : 9789359253817

Publié par
Writat
email : info@writat.com

Selon les informations que nous détenons, ce livre est dans le domaine public. Ce livre est la reproduction d'un ouvrage historique important. Alpha Editions utilise la meilleure technologie pour reproduire un travail historique de la même manière qu'il a été publié pour la première fois afin de préserver son caractère original. Toute marque ou numéro vu est laissé intentionnellement pour préserver sa vraie forme.

Contenu

Préliminaire.

Decatur, Géorgie , *9 avril 1889* .

Mon cher Lundy :

Vous et beaucoup d'autres de mes étudiants à Emory des années 1876-1884 m'avez souvent demandé de mettre sous forme permanente les pensées concernant « l'homme de Galilée » – « Jésus de Nazareth » – que j'ai présentées devant vous lorsque nous étions ensemble à la ancienne université d'Oxford. Dans ce petit livre, j'ai pensé aux garçons tout au long du parcours, comme s'ils étaient devant moi dans ma salle de conférence à « Seney Hall ». Bien souvent , les visages mêmes des garçons semblaient parler de moi, comme je l'ai écrit, et je pouvais presque les entendre me poser des questions comme ils le faisaient autrefois.

Dispersé désormais à travers le monde, dont beaucoup dans des champs de mission lointains, mon cœur les suit tous, et ces pages, qui ne seraient jamais parues sans eux, leur portent l'assurance d'un intérêt pour eux qui ne pourra jamais mourir.

Ton ami,

Atticus G. Haygood.

Le RÉVÉREND LUNDY H. HARRIS ,

   Professeur à Emory College, Oxford, Géorgie.

CHAPITRE I.
LES ÉVANGÉLISTES ONT-ILS INVENTÉ JÉSUS ?

QUI et qu'était Jésus de Nazareth ? Dans cette question et dans sa réponse est impliqué tout ce que nous entendons par christianisme.

S'il pouvait être démontré de manière démontrable qu'une personne telle que Jésus n'a jamais existé, le christianisme, en tant que force vivante, cesserait de disparaître de la terre. Il y aurait bien une histoire, une littérature qui intéresserait les gens selon leurs goûts ; mais il n'y aurait pas de système de vérités vitales et vitalisantes et de devoirs correspondants qui changeraient le cœur et élèveraient le monde, liant la conscience de chaque être humain et inspirant l'espoir dans chaque cœur.

Dans les discussions dans lesquelles nous nous apprêtons à entrer, rien ne sera supposé sauf ce qui est trop évident pour être remis en question. On ne supposera pas du tout que les petits livres appelés « évangiles » ont été inspirés. Il ne vous sera pas demandé d'envisager un quelconque miracle, dit ont été accomplis par Jésus, comme preuve de sa divinité. Je ne citerai pas non plus de textes probants pour montrer qu'il est divin.

La première question à se poser est la suivante : une personne telle que Jésus est-elle décrite comme ayant réellement existé ? Jésus vivait-il vraiment à Nazareth et travaillait-il dans la boutique de Joseph ? Pendant environ trois ans et six mois, a-t-il circulé parmi les hommes, leur enseignant ? Y avait-il, au temps d'Hérode et de Pilate, un Jésus aussi sûrement qu'il y avait un César ?

Ce qui est certain, c'est que nous avons dans ces quatre petits livres, comparés à ce qui s'écrit chaque jour sur les hommes ordinaires, combien ils sont petits ! — attribué à Matthieu, Marc, Luc et Jean, un personnage très distinct, connu de nous et connu. à l'histoire comme Jésus. Que les hommes dont les petits livres portent les noms ou d'autres hommes dont les noms nous sont perdus les aient écrits n'a aucune importance. Ce que contiennent les livres est plus important que la question de la paternité. Peu importe qui les a écrits, le personnage que nous connaissons sous le nom de Jésus est dans les livres ; il ne peut y avoir aucune contestation à ce sujet ; le voici, sous nos yeux. Et ce caractère se retrouve aussi sûrement dans l'histoire, dans la littérature, dans la pensée des hommes, dans tout ce que nous entendons par civilisation chrétienne, que dans les écrits des quatre hommes que nous appelons évangélistes.

Non seulement nous avons le personnage, mais nous voyons clairement que c'est un personnage absolument unique. Il est unique à bien des égards, mais surtout en cela : c'est le seul personnage parfait apparu dans le monde qui ait jamais eu sa place dans l'histoire ou la pensée des hommes. On raconte que le volatile Voltaire compara un jour Jésus à Fletcher de Madeley, le considérant comme un homme aussi bon que le Nazaréen. Mais le Français léger ne comprenait ni l'un ni l'autre. Comme on l'a dit à propos d'un biographe inapte du grand ami de Fletcher, John Wesley : « Il n'avait rien pour dessiner et le puits était profond. »

Y a-t-il un seul défaut, le moindre, dans ce caractère que l'on retrouve chez les évangélistes ? Y a-t-il un point faible, ou une suggestion de faute, ou une indication d'infirmité, ou un soupçon d'échec, le moindre, à faire et à être ce qui était juste pour lui de faire et d'être ?

Regardez-le tel qu'il nous est présenté dans ces brefs écrits ; regardez, avec respect si vous le voulez, mais avec des yeux ouverts et sans peur, pour voir tout ce qu'on peut voir de lui. Quel moindre défaut peut-on lui trouver ? Y a-t-il la moindre ombre de raison possible pour renverser, ou même remettre en question, le verdict de Pilate : « Je ne trouve aucun défaut en lui ? Y a-t-il dans toute l'histoire un autre personnage dont vous puissiez en dire ou croire autant ? Y en a-t-il un autre que vous êtes prêt à nommer en second lieu ?

Si vous évaluez un autre personnage – qu'il s'agisse d'une personne réelle, comme un sage, un homme d'État ou un philanthrope, ou d'une personne imaginaire, comme le héros d'une histoire – comment le jugeriez-vous le plus sévèrement ? Vous le compareriez à Jésus. Nous devons nous rappeler que c'est à Jésus que nous devons les normes plus élevées selon lesquelles nous jugeons les hommes de notre époque. La ressemblance avec le Christ exprime l'idéal de caractère le plus élevé que nous puissions concevoir.

Certains auteurs, comme vous le savez, ont nié que Jésus, le Jésus des quatre évangiles, ait réellement vécu à un moment donné, comme un homme parmi les hommes. Ce qui est bien plus important que n'importe quel simple déni dans les livres, c'est l'incapacité de milliers de personnes à réaliser dans leur conscience la plus profonde que l'histoire des évangélistes est le récit d'une vie réellement vécue.

Nous exigerons de ceux qui nient ou doutent que Jésus ait réellement vécu qu'ils nous rendent compte de l'existence de ce personnage. C'est ce qu'ils doivent faire, car ils ne peuvent nier l'existence du caractère ; elle est ici, sous les yeux des hommes, comme dans leurs pensées et dans leur vie. Ce personnage n'est pas seulement dans ces petits livres ; c'est dans cent mille livres. Ce n'était pas seulement dans l'esprit de quatre écrivains il y a longtemps ; c'est aujourd'hui dans l'esprit de millions d'hommes, de femmes et d'enfants. Si quelqu'un nie ou doute de l'histoire Jésus, qu'ils nous expliquent comment ce personnage, sans défaut et parfait, s'est toujours introduit dans la pensée des hommes et se retrouve maintenant dans l'histoire, la littérature, l'art, le droit, la coutume, dans la vie humaine elle-même.

Certains ont tenté d'expliquer l'existence du personnage, tout en niant que Jésus ait réellement vécu parmi les hommes, en nous racontant que les évangélistes ont inventé le Jésus de ces récits. Ils nous disent que Jésus est le produit du génie dramatique de quatre hommes dont les noms correspondent au bref récit que nous avons de lui, de ses paroles et de ses actes. Cela ne changerait rien de nier que ces quatre-là aient écrit les livres, et de dire que d'autres écrivains dont nous ne connaissons pas les noms ont inventé le personnage.

Examinons attentivement et équitablement cette vision du sujet. Si cela est raisonnable , cela peut être vrai ; si c'est vrai, nous n'avons pas à craindre de l'accepter. Rien en Jésus n'appelle les hommes à professer croire ce qui pour eux n'est pas la vérité ; rien ne lui ressemble plus que d'utiliser des mots sans conviction. Nous ne pouvons faire autrement que de « retenir ce qui est vrai » pour nous ; en effet , nous ne pouvons nous accrocher à rien d' autre, même si jamais autant de voix d'hommes n'appellent cela la vérité.

La théorie selon laquelle Jésus est une invention est une autre façon de dire qu'il est le héros d'un roman, une création d'une imagination constructive. Ça implique ceci : quatre Juifs à peu près à la même époque, parmi un peuple qui n'était pas enclin à faire des livres d'aucune sorte - et encore moins des livres d'imagination - furent saisis du désir d'écrire des livres, et c'est ainsi qu'ils ont donné au monde , comme le produit du génie dramatique, ce personnage de Jésus. Ainsi, à titre d'illustration, on peut dire, dans un sens, que Bulwer a inventé le « Margrave » d' *Une étrange histoire* .

Examinons les probabilités antérieures que ces hommes tenteraient naturellement de construire et de mettre en forme une telle œuvre de l'imagination ; bien plus : s'ils étaient susceptibles de tenter une quelconque œuvre dramatique.

Nous ne sommes pas laissés aux suppositions lorsque nous examinons de telles questions. Il est historiquement certain que l'esprit hébreu des temps anciens n'était pas porté sur ce genre d'œuvre littéraire. L'esprit grec a donné au monde des drames sans égal en leur genre ; l'esprit hébreu n'en a donné aucun. Il n'y a rien dans la littérature hébraïque de la période assignée à Jésus, de la période qui lui succéda, ou de l'époque de Moïse, qui indique une quelconque tendance à de telles créations de l'imagination.

Nous avons de nombreuses données sur lesquelles juger et il ne peut y avoir aucune erreur. Nous avons les Écritures de l'Ancien Testament, les livres apocryphes, les commentaires des scribes – appelés Targums – sur leurs écrits sacrés, les petits livre intitulé « Actes des Apôtres », les autres écrits du Nouveau Testament et les œuvres de Josèphe comme spécimens, montrant la tendance et la méthode de la littérature hébraïque.

L'esprit hébreu des temps anciens n'était pas porté sur l'art, mais sur la morale. Le Juif n'a développé des impulsions artistiques que lorsqu'il est devenu cosmopolite et que le christianisme a changé le monde. Dans la littérature hébraïque ancienne, que ce soit en prose simple, dans l'histoire, les lois ou les proverbes ; que ce soit dans les psaumes ou dans d'autres poésies ; que ce soit dans la magnifique imagerie des prophètes, nous constatons que la morale, et non l'art, inspire la pensée et forme l'expression. Il n'y a ni peintures, ni statues, ni drames. Leur architecture était empruntée aux Phéniciens ; ils étaient originaux dans leurs idées morales et dans leurs lois et coutumes relatives au bien et au mal. Leur littérature est dominée par la religion, et non par l'art, dans ses multiples développements.

Lisez tout cela – toute la littérature hébraïque ancienne ; nous avons l'histoire, les lois, les proverbes, la poésie, les prophéties, mais nous n'avons pas de drames.

Vous pouvez me citer le livre de Job. Cela ressemble plus à un drame qu'à un autre. Si cela est permis, c'est la seule exception. Mais il appartient à une époque très éloignée de celle des évangélistes, et s'il s'agit d'un drame , c'est, comme on peut le montrer, une œuvre telle qu'un Hébreu aurait pu écrire. Mais l'histoire de Jésus n'est pas un drame comme aurait pu l'écrire un Hébreu de son époque, admettant, ce qui n'est pas vrai, qu'à une autre époque elle aurait pu être imaginée par un Hébreu ou par tout autre écrivain de livres. Quant au livre de Job, il est en harmonie avec les caractéristiques hébraïques ainsi qu'avec l'époque et le pays dans lesquels se déroulent ses scènes. Les livres des évangélistes ne sont pas en harmonie avec eux ; ils les contredisent tous et complètement.

Considérez bien les quatre petits livres des évangélistes que nous appelons évangiles ; étudiez-les comme vous le feriez pour n'importe quel autre écrit ancien. Voyez ce qu'il y a dedans, afin que vous sachiez quel genre d'hommes étaient ceux qui les ont écrits. Rejetez-les tous, s'il y a lieu, mais examinez attentivement cette seule chose : si ces écrivains étaient portés à des créations dramatiques, ou s'ils avaient effectivement la faculté de faire de tels travaux. Il y a suffisamment de preuves dans leurs écrits que Matthieu, Marc, Luc et Jean n'appartenaient pas aux classes littéraires et littéraires. Ils appartenaient au peuple ; des hommes ignorants et peu compétents en littérature, des ouvriers et des hommes d'affaires, formés comme laïcs. Leur vie était très éloignée des occupations et des influences qui dominaient le très faible instinct littéraire qui appartenait à cette période de la littérature hébraïque.

J'en conclus qu'il était auparavant aussi improbable que les évangélistes aient tenté de produire un drame quel qu'il soit, de même que je montrerai qu'il était impossible, s'ils en avaient fait la tentative, d'inventer une histoire telle qu'ils nous racontent : L'homme de Galilée.

CHAPITRE II.
"AUCUN DRAMAMATISTE NE PEUT DESSINER DES HOMMES PLUS GRANDS QUE LUI-MÊME."

LA doctrine que j'avance concernant Jésus est la suivante : une telle personne doit avoir réellement vécu, comme condition pour concevoir un tel personnage, pour la raison que le pouvoir de créer un tel personnage n'a jamais été dans l'esprit des Hébreux, ni dans aucun autre.

À ce stade, permettez-moi de vous dire comment mes pensées ont été orientées dans la direction que prend l'argumentation dans cette discussion.

Au mois d'avril 1861, alors que j'étais pasteur à Sparta, en Géorgie, je lisais un des livres de Hugh Miller, *Premières impressions de l'Angleterre et de son peuple* . L'auteur de ce volume pour moi divertissant et instructif comparait, à l'occasion d'une visite à la tombe de Shakespeare, le grand poète Sir Walter Scott et Charles Dickens. Hugh Miller a dit (je crois que la citation est en grande partie correcte ; je n'ai pas vu le livre depuis longtemps – il a été prêté à certains d'entre vous) : « Aucun dramaturge, quoi qu'il puisse tenter, ne peut dessiner des hommes plus grands que lui. »

J'ai fermé le livre et je me suis dit : « Alors Matthieu, Marc, Luc et Jean n'ont pas inventé Jésus. »

Ce n'est qu'en février 1864 que cette pensée, que j'ai souvent méditée, fut mise en discussion. Alors que j'étais au camp en tant qu'aumônier missionnaire dans le corps de Longstreet de l'armée de Virginie, près de Greenville, dans l'est du Tennessee, j'ai esquissé assez grossièrement, un jour de neige, les grandes lignes d'un argument, en l'utilisant une nuit, peu après, dans un sermon prêché à la Première Église Méthodiste d'Atlanta, en Géorgie. Au fil des années , cela s'est développé en une série de conférences données aux classes supérieures de l'Emory College. Il dépassa les limites d'un sermon prononcé à Monticello, en Géorgie, en août 1878. Mes anciens étudiants et certains amis de longue date me pardonneront autant de souvenirs personnels. Pour des raisons qui leur sont liées, ces déclarations personnelles sont introduites.

"Aucun dramaturge ne peut dessiner des hommes plus grands que lui." Hugh Miller ne voulait pas dire qu'un écrivain ne pouvait pas décrire des hommes plus grands que lui, mais qu'il ne pouvait pas inventer un personnage plus grand que le sien. Il est aussi clair que l'axiome de la physique que l'eau ne peut pas dépasser son niveau. Ce qui est créé ne peut pas être plus grand que ce qui crée.

Il est très courant que nous écrivions sur des « hommes plus grands » que nous ; nous faisons tous cela. Lorsque vous Vous n'étiez qu'un étudiant et vous n'avez pas hésité, comme vous vous en souviendrez, à écrire des essais sur Cromwell, Washington, Gladstone, Bismarck et les quelques hommes de ce type qui ont vécu. J'ai connu un jeune homme qui écrivait assez bien, même sur Socrate. Mais il avait les cyclopédies. Il ne créait pas — en pensant par lui-même et par lui-même — le bon et sage vieux sage.

Hugh Miller dit : « Dickens connaît sa place. » Le talentueux romancier ne s'essayait pas à de grands personnages. Shakespeare l'a fait ; il était plus grand que n'importe quel personnage qu'il produisait ; « plus grand » que n'importe quel homme qu'il « a dessiné ».

Quand on en vient à se demander si ces quatre Juifs, les évangélistes, auraient pu inventer le personnage que nous connaissons sous le nom de Jésus, il faut se rappeler qu'ils ont dû, avant tout, pour le faire, se jeter hors de la sphère de la pensée et du sentiment juif. . Si on leur avait accordé toutes les qualifications personnelles, les conditions dans lesquelles ils vivaient rendaient impossible l'invention d'un tel personnage ; ils ne pouvaient pas respirer l'air intellectuel, social et moral dans lequel ils vivaient et le faisaient. Car ce personnage, le Jésus des évangélistes, n'est pas en harmonie avec les caractéristiques essentielles de la race juive ni avec les influences dominantes de cette époque ; ce personnage contrarie ces caractéristiques et influences à chaque instant.

Admettre — et c'est admettre un miracle intellectuel qui stupéfie toute crédulité — que ces hommes ont effectivement rempli la première condition pour l'invention d'un tel personnage et ont surmonté, comme aucun autre homme ne l'a jamais fait dans aucune nation ni à aucune époque, les influences dominantes sous lesquelles ils vécu, demandons-nous si, au vu de ce qu'ils révèlent dans ces écrits d'eux-mêmes, ils étaient capables d'une prouesse intellectuelle et spirituelle telle que d'inventer un drame qui devrait donner Jésus au monde.

Pour parvenir à un tel résultat, ils devaient avoir une intelligence large, profonde et élevée, capables de réfléchir aux puissantes doctrines enseignées par Jésus. Et c'était là, on peut le croire, la moindre partie de leur tâche.

Pour moi, il est incroyable que ces quatre hommes aient pu réfléchir aux enseignements de Jésus. Pour une telle pensée, il leur manquait tout ce dont l'histoire et la philosophie démontrent qu'elles sont nécessaires à une telle pensée.

Pourquoi Socrate et Platon, grands, érudits, sages et bons, à qui il n'y avait pas que des aperçus des vérités célestes, n'ont-ils pas pu réfléchir à ce que contient le Sermon sur la Montagne ?

Socrate et Platon, si de simples hommes pouvaient penser ainsi, auraient dû réfléchir au Sermon sur la montagne ; car ils avaient tous les dons que la nature pouvait leur accorder et toutes les opportunités cultivées Athènes pourrait offrir. Et ils ont fait de leur mieux pour réfléchir aux vérités qui lient l'homme et Dieu. Ils ont raté; et Platon soupirait après la venue d'un homme divin qui lui ferait comprendre ce qui était pour lui obscur.

Si Jésus n'a jamais vécu, alors les quatre évangélistes, ou des hommes comme eux, ont réfléchi à ses merveilleuses doctrines. C'est impensable.

Mais leur tâche était bien plus difficile que de réfléchir aux vérités attribuées à Jésus dans les évangiles ; ils devaient aussi trouver un homme qui soit à leur hauteur. Il est plus facile d'écrire un grand discours que de présenter au lecteur un homme qu'il sait capable de le prononcer ; mais c'est plus facile que de proclamer une haute doctrine morale et de montrer qu'un homme la respecte. Leur problème, s'ils y réfléchissaient bien, était infiniment plus que l'invention du Sermon sur la Montagne et des autres discours qui évoluent si facilement sur le même plan élevé de pensée et de vie spirituelle ; il s'agissait d'inventer une vie et de révéler une vie en parfaite harmonie avec ces discours sans égal. Mais Jésus a vécu le Sermon sur la Montagne et tout ce qu'il a jamais enseigné. Pas une seule fois, le moindrement particulier, en paroles ou en actes, il n'échoue ; il est toujours à la hauteur de son enseignement ; il a incarné sa doctrine. Aucun autre être humain, avant ou depuis Jésus, n'a jamais été à la hauteur du Sermon sur le Monter; les meilleurs hommes et femmes n'en ont fait que des approximations ; et ce sont les meilleurs qui ont le plus pris conscience de leur échec. Mais Jésus a si parfaitement vécu ses enseignements que ce n'est que dans sa vie que nous en lisons vraiment le sens.

Comment allons-nous mesurer la capacité de ces quatre, Matthieu, Marc, Luc et Jean, à créer ce personnage de Jésus ? Par les révélations qu'ils font sur eux-mêmes dans leurs écrits : leur capacité et leur caractère.

CHAPITRE III.
MATTHEW, MARK, LUKE ET JOHN NI BON NI ASSEZ GRANDS.

À QUEL point les évangélistes étaient incapables d'inventer un personnage tel que le Jésus des quatre évangiles.

Il faut supposer ici que vous avez, dans une certaine mesure au moins, réfléchi au caractère de Jésus et à la signification de ses enseignements. Quant à votre conception de lui et de ses enseignements, j'en suis sûr : si vous continuez à l'étudier et à étudier ses paroles, vos meilleures idées vous sembleront peu à peu très indignes.

Mesurez les évangélistes et leurs pensées par Jésus et ses pensées. Comme ils sont petits, étroits, maigres et maigres d'âme ! Quand ils parlent, quand ils agissent dans ces histoires, ils nous donnent la jauge et le niveau d'hommes très ordinaires. Ils le comprennent mal jusqu'à ce qu'il soit déchiré de chagrin à cause de leur stupidité et de leur dureté de cœur. Ils interprètent mal ses mots les plus simples. Ils montrent de plusieurs manières ce que même pour nous, cela semble être une stupidité spirituelle et une incapacité spirituelle étonnantes.

C'est un bon exemple d'eux et de leurs capacités de réflexion : Jésus leur dit un jour : « Gardez-vous du levain des pharisiens et des sadducéens. » « Et ils raisonnèrent entre eux, disant : C'est parce que nous n'avons pas pris de pain », supposant qu'il voulait dire qu'ils ne devaient pas manger de pain avec ces gens.

Cela nous donne également la dérive et l'évaluation de leurs pensées : Jésus leur parlait constamment et de diverses manières du « royaume des cieux », et ils ne cessaient de rêver et de parler d'un « royaume d'Israël », de la restauration du trône de David. C'était la pensée et le discours communs de leur cercle. L'une des meilleures femmes qui suivirent Jésus et l'aimèrent, bravant le danger et le mépris pour lui, Salomé, préféra les demandes ambitieuses pour ses deux fils, Jacques et Jean, qui étaient dans le secret et la sympathie de leur mère, cherchant pour eux des places élevées. dans ce qu'ils aspiraient tant : la dispensation prochaine de la délivrance et de la domination nationales.

Leurs pensées sont si loin en dessous de ses pensées, si différentes de lui, qu'aucun enfant chrétien, qui n'a appris que partiellement de Jésus ce qu'il entend par « royaume de Dieu », ne peut lire ce que Salomé et ses fils disent à Jésus sans reculer. d'eux.

Les évangélistes étaient-ils assez bons ? Avaient-ils l'élévation morale nécessaire à la conception des vérités enseignées par Jésus ? D'une vie telle que celle vécue par Jésus ? De Jésus lui-même ?

Si vous savez ce qu'il y a dans ces évangiles, il vous est trop évident pour avoir besoin d'argumenter que ces hommes étaient très en dessous de la sphère de Jésus en ce qui concerne la morale, le bien et le mal, et tout ce qui concerne la vie spirituelle. Alors qu'il proclamait le renoncement à soi comme condition préalable à l'entrée dans la vie en commun avec sa vie, ces hommes, tout en prétendant être ses disciples et ses meilleurs amis, avaient l'habitude de « se disputer » les uns avec les autres au sujet des places d'honneur à l'école. des repas , ainsi que des places d'honneur dans le royaume terrestre qu'ils recherchaient.

Certains d'entre eux montrèrent qu'ils pouvaient se battre à l'occasion : leur sang galiléen était égal à cela ; mais ils manquaient grandement de courage moral. Ils avaient peur non seulement de la colère des hommes, mais aussi de leurs critiques. Mais il est impossible de penser à Jésus hésitant, un seul instant, devant toute sorte de peur des hommes, de la mort ou de la critique, à exprimer une vérité ou à faire une chose juste. Nous ne pouvons pas considérer Jésus comme prenant le pouls du sentiment public afin de déterminer ce qu'il devrait dire. Nous ne pouvons pas imaginer Jésus regardant un instant autour de lui pour lire sur le visage de ses auditeurs s'ils étaient galiléens. paysans ou les principaux domaines de Jérusalem, la réception probable de ses paroles. Nous ne pouvons pas l'imaginer comme s'écartant d'une ligne épaisse de la vérité parfaite telle qu'il la voyait afin de gagner les faveurs ou d'éviter le ressentiment. Il est certain que de telles pensées n'ont jamais eu lieu dans son esprit, que de tels sentiments n'ont jamais eu lieu dans son cœur. Son « œil était simple », son « corps tout entier plein de lumière ».

Ces hommes dont les noms accompagnent les quatre évangiles font-ils preuve d'un sentiment juste pour avoir inventé un tel personnage, accordant, ce que nous savons qu'ils n'avaient pas, toutes les autres qualifications ? A voir ce qu'ils étaient, ce qu'ils se montrent être, est-il possible de croire qu'ils étaient, au plus profond de leur âme, en sympathie avec le caractère qu'ils nous ont donné dans les évangiles ? Pour inventer un personnage vraiment grand et complet, il faut non seulement avoir des dons intellectuels et une force de conscience adéquats ; il faut aussi qu'il y ait une juste sensibilité. Il ne faut pas seulement avoir un esprit large et une vraie conscience ; il doit y avoir un bon cœur. Les évangélistes n'étaient pas de mauvais hommes, mais ils n'étaient pas spirituels. Si l'on ne peut pas, selon une conception originale de l'intellect, « dessiner un homme plus grand que soi », on peut encore moins dessiner un homme meilleur que soi.

Testez leur capacité à accomplir une œuvre telle que celle d'inventer le Jésus des évangiles dans n'importe quelle direction. Comparer ces hommes avec Jésus quant à sa doctrine et sa pratique en matière de tolérance et de fraternité humaine. Ils sombrent dans le néant.

Jésus se rend chez le publicain Zachée , que tout Jéricho détestait. Jésus dîne avec l'homme impopulaire, méprisé ; il lui prêche le plein Évangile ; il est gentil avec lui ; il l'aime. Les disciples n'étaient pas en sympathie avec Jésus, mais avec la foule qui « murmurait ». Ils étaient mortifiés, mécontents, effrayés, scandalisés ; Jésus avait fait une chose si imprudente que de dîner avec un homme qui n'avait pas d'amis, mais de nombreux ennemis.

Vous savez de Jésus par ses paroles, surtout par sa vie, qu'il était incapable de préjugés ; qu'aucun homme misérable ou méchant, de quelque classe ou race que ce soit, ne pouvait faire appel à lui en vain. Vous savez que Jésus était aussi libre de toute intolérance, de tout sentiment de caste et de tout préjugé racial, que la neige vierge est exempte de souillure. Mais ses disciples, ces hommes qui nous ont parlé de lui, étaient saturés et empoisonnés de ces sentiments ; ils vivaient sur le plan inférieur de leur race et de leur époque, et non au-dessus. Dans les « Actes des Apôtres », nous voyons quel était ce plan ; le Juif détestait les Gentils. Considérez l'histoire de la visite de Pierre à Corneille et vous verrez à quel point le sentiment est profond et invétéré qui a ouvert un fossé entre les Juifs et les autres races. Considérez ce que signifie par l'explosion soudaine de rage au mot « Gentil », ce jour-là, Paul s'adressa à la foule dans la cour du temple, alors qu'il se tenait sur les escaliers du château. Toute l'histoire illustre ces intenses préjugés raciaux. Dans ce pays, au printemps 1888, un juif célébra les funérailles de sa fille parce qu'elle avait épousé un gentil.

Lisez l'histoire de la femme syrophénicienne , la parabole du bon Samaritain, ses doctrines célestes sur l'amour de nos ennemis, puis pensez à ces écrivains qui ont inventé Jésus et ses doctrines.

Voyez la fausse honte sur leurs visages lorsqu'ils trouvent Jésus parlant avec la femme de Sychar près du puits de Jacob, et demandez-vous si des hommes comme ceux-ci vivaient dans le même monde que lui !

Considérez l'attitude de Jésus envers les femmes déchues. Voyez comme il s'est comporté avec la femme qui lui lavait les pieds avec ses larmes dans la maison de Simon ; voyez son tendre respect pour Madeleine ; voyez-le, ses joues enflammées de honte et de confusion, ses yeux couverts de pitié, alors qu'il faisait des marques sur le sol avec son doigt ce jour -là , ils lui ont amené une jeune fille pécheresse et ont exigé qu'elle soit jugée.

Ces hommes qui ont écrit sur Jésus étaient aussi incapables de tels sentiments et de tels sentiments qu'ils étaient incapables de construire des mondes. Dieu ait pitié de nous ! aussi incapables que nous, ses disciples d'aujourd'hui, qui, après tout ce qu'il nous a enseigné et fait pour nous, dans notre méchanceté et notre lâcheté, demeure toujours dans le paganisme et méprise ceux que Jésus n'a pas méprisé. Nous pouvons juger ces évangélistes par nous-mêmes ; ils étaient comme nous. Ils avaient honte de lui lorsqu'il parlait avec respect et gentillesse aux femmes déchues ; nous aurions honte de lui maintenant s'il était de nouveau parmi nous dans la chair, se comportant envers nos exclus comme il le faisait lorsqu'il était en Galilée.

Si possible, ces évangélistes étaient aussi incapables que nous d'inventer le personnage de Jésus.

Dans ce qui a été dit de la capacité de ces hommes à concevoir un personnage tel que Jésus, rappelons-le, nous ne parlons pas de copistes, mais de créateurs ; non pas de ceux qui composent simplement une histoire à partir de matériaux fournis par l'histoire ou d'une vie qui a été vécue, mais de ceux qui inventent, pensent un personnage. Les copistes, les historiens, les biographes, les romanciers écrivent et parlent assez facilement d'hommes plus grands et meilleurs qu'eux. Ce genre de travail littéraire, ce genre de réflexion, se fait quotidiennement ; c'est aussi courant que la « fabrication de livres ». Si les matériaux nous sont fournis, nous pourrions très bien parler de ceux qui sont au-delà et au-dessus de nous. C'est ce que nous ferons naturellement et souvent nécessairement en décrivant quelqu'un qui a réellement vécu. Des hommes et des femmes grands et bons ont souvent eu biographes infiniment inférieurs à eux. Un homme de lettres intelligent peut dresser un tableau juste de Jules César . Froude l'a fait. Un homme à l'esprit dur et étroit peut écrire sur les héros de manière à nous faire sentir leur supériorité. Carlyle a fait cela pour plusieurs. Un petit homme peut nous parler de son maître. Même Boswell pourrait le faire.

Mais en examinant si ces quatre écrivains auraient pu inventer le personnage de Jésus, nous ne parlons pas du genre de travail que font les historiens et les biographes, mais de pur travail créateur ; la réflexion d'un personnage jamais décrit par un autre et qui n'a jamais vécu. Car la théorie que nous examinons maintenant est que Jésus n'a jamais vécu ; qu'il n'est que le produit du génie dramatique de ces quatre écrivains, Matthieu, Marc, Luc et Jean.

Maintenant, vous conclurez, après y avoir réfléchi, que très peu, voire aucun, de ce genre de travail n'est jamais fait. Peut-être devrions-nous hésiter à affirmer qu'un tel travail créateur est impossible, mais on peut fort bien douter qu'un personnage d'une fiction ou d'un drame de quelque sorte que ce soit, d'un écrivain de quelque époque que ce soit, soit une pure invention. N'y a-t-il pas pour chaque personnage de fiction comme de l'histoire un homme quelque part, sous une forme ou une autre ? quelques faits de la vie réelle qui fournissent les matériaux pour la conception et la délimitation de cette forme de vie que l'écriture nous présente ? Existe-t-il dans un écrit un personnage qui ne descend pas intellectuellement d'une vie réellement vécue, ou d'une autre manière que par des processus créatifs introduits dans les pensées de l'écrivain ?

Considérez les pièces de Shakespeare. La vie a fourni les matériaux ; ses héros et héroïnes ont derrière eux de vrais hommes et femmes. Prenez le Satan de Milton. Il ressemble beaucoup à Milton par la force et la sublimité ; mais le poète n'a pas créé le personnage. Son Satan est une œuvre composée d'allusions bibliques et de mythologie païenne. Ce Satan avait vécu dans les pensées des hommes avant que Milton ne le prenne en main.

Pensez seulement à quel point il doit être difficile, voire impossible, de concevoir un type de personnage parfaitement nouveau, un type qui n'a rien dans la vie pour le représenter. Ce serait comme essayer de concevoir un sixième sens. Derrière les légendes, les plus nobles et les plus ignobles , il y a une forme de vie ou une forme de fait. Il se peut que toutes les idées, même non révélées, aient leur type ou leur origine quelque part dans la nature ou dans la vie. Que ce soit avec la main ou avec le cerveau, l'homme travaille sur les matériaux qui lui sont fournis ; l'homme ne crée rien ; l'homme est créé.

Mais dans aucune nation quelle qu'elle soit — et ces quatre hommes ne connaissaient la nation juive qu'avec une connaissance approfondie — aucun personnage, aucune vie, aucun fait qui aurait pu suggérer Jésus. Ils étaient fermés à l'histoire hébraïque, et cela ne pouvait fournir aucun matériau aux évangélistes pour la construction d'un tel personnage. Cela n'a pas été suggéré par les prophètes hébreux ; car il est évident que les disciples n'ont compris ces prophéties comme désignant Jésus qu'après qu'il eut vécu sa vie, jusqu'à ce que sa mission soit terminée. Bien plus, avec toute la lumière rétrospective de sa vie, aucun homme au monde ne pourrait aujourd'hui, sans l'histoire réelle, construire le caractère et la vie de Jésus à partir de ce que disent les prophètes.

Il y a eu beaucoup d'écrits fantaisistes concernant certains personnages de l'histoire de l'Ancien Testament, considérés comme des types du Messie. Joseph, Moïse, Josué, David, même le magnifique et débauché Salomon et le grossier et ennuyeux Samson ont été présentés comme des types du vrai Fils de l'homme. Adam lui-même a été discuté et représenté à cet égard. Certains de ces hommes comptaient parmi les plus grands et les meilleurs de la race humaine. Mais quels qu'ils fussent en tant que types de l'Instructeur, du Prince et du Sauveur annoncés par les prophètes, rien chez ces hommes n'aurait pu suggérer l'invention du Christ des évangélistes.

Dans la mesure où les prédictions de la prophétie hébraïque peuvent être avancées comme expliquant la conception de Jésus par les évangélistes, non seulement ils ne les ont pas comprises au point d'en faire un tel usage, mais ils les comprit mal et, comme leur peuple, supposa qu'ils prédisaient un caractère autre et tout à fait différent de celui du Jésus des évangiles. Jésus a dû vivre et mourir avant de pouvoir comprendre que les prophètes se référaient à lui ; c'est lui qui a révélé leur sens. Le Christ tout entier n'est pas dans les prophètes – il ne pourrait pas l'être ; les mots ne pouvaient pas le manifester ; il devait vivre pour être connu.

Les Hébreux non chrétiens recherchent encore aujourd'hui un personnage différent pour apparaître et accomplir les prophètes. La « Place des Lamentations des Juifs » à Jérusalem raconte aux voyageurs de notre temps comment ils s'accrochent à une interprétation des prophètes qui exclut le humble Nazaréen, dont les évangélistes nous ont parlé.

CHAPITRE IV.
JÉSUS EST-IL UN JUIF IDÉAL DU TEMPS DE TIBÈRE ?

NOUS examinerons l'idée selon laquelle Jésus est le produit d'un génie dramatique sous d'autres angles. Les évangélistes ont-ils donné forme et voix aux idéaux nationaux ?

Jésus ne peut pas être dans ces écrits la cristallisation de légendes nationales ; il n'y a pas de telles légendes. Si ces écrivains avaient construit ce personnage à partir de légendes nationales ou d'espoirs nationaux, Jésus aurait été un libérateur national, et non un Sauveur personnel , parlant aux hommes de péché et de salut. Il n'était pas du tout, comme ces écrits et comme d'autres écrits hébreux le montrent clairement, l'idéal de héros et de libérateur de la nation. Jésus était tout sauf un tel idéal ; il a complètement gâché l'idéal national du Shiloh qui devait venir ; il a déçu toutes les attentes qui se levaient pour l'accueillir.

Un jour, alors que le peuple et les prêtres pensaient pouvoir l'utiliser comme chef national, ils essayèrent de lui imposer une couronne royale sur la tête. Il refusa leur couronne et ils le crucifièrent.

Il existe une autre objection fatale à l'idée selon laquelle Jésus n'est que l'invention de quatre auteurs de romans, surgissant soudainement parmi un peuple qui n'écrivait pas de romans. S'ils l' avaient inventé, nous aurions quatre Christs, pas un.

Il y a suffisamment de différences dans leurs déclarations que nous ne pouvons pas expliquer de manière honnête, mais cela cesserait, je suppose, d'être des différences si seulement nous connaissions tous les faits démontrant que ces écrivains n'étaient pas de connivence pour raconter une histoire qui tiendrait le coup. ensemble. Nous ne connaissons pas tous les faits ; Saint Jean, vous vous en souviendrez, nous dit que beaucoup de choses ne sont pas enregistrées ; peut-être n'en avons-nous qu'une petite partie.

Ces quatre hommes ne sont pas pareils ; il n'y a pas deux hommes. Ils diffèrent par leur style et donc par leur tempérament, leurs dons, leur formation et leur caractère. Ils sont aussi différents que quatre écrivains que vous connaissez ; à titre d'illustration, car Carlyle, Emerson, Macaulay et Irving diffèrent.

Pour rendre plus claire la pensée que je souhaite que vous considériez, considérez Satan comme un personnage littéraire. Comparez les satans de Milton, Goethe, Bailey, Browning et Byron. Ces écrivains nous en montrent cinq, et non un seul chef de diables. Ils sont aussi différents que leurs auteurs ; et ils sont comme leurs auteurs.

Seule une femme aurait pu dessiner le Satan de Mme Browning. Le Satan de Milton est une copie de l'intellect et du caractère de Milton : grand, érudit, métaphysique, austère; Puritain est le héros du *Paradis Perdu* . Le Satan de Bailey a grandi dans l'atmosphère de Temple Court et est un avocat londonien de premier ordre doté d'une nature diabolique. Celui de Byron est comme Byron : brillant, maussade, désespéré et vaniteux. Goethe est allemand et a grandi à Weimar. Il est comme le grand prêtre et poète du matérialisme qui nous a donné *Faust* ; comme Goethe, universitaire, érudit, scientifique, littéraire, accompli, tour à tour gai et cynique, homme du monde, gentleman même dans les diabolismes, familier de la meilleure société, cosmopolite dans ses goûts et vestimentaire du XIXe siècle. et ses manières ainsi que dans ses opinions et ses habitudes.

Mais ces quatre hommes qui ont écrit sur Jésus, ces hommes si différents par leur formation et leur manière de vivre : Matthieu, qui avait été collecteur d'impôts sous le gouvernement romain ; Marc, un simple enfant lorsque Jésus était parmi les hommes, et élevé par une mère prudente ; Luc, un « médecin bien-aimé » ; et Jean, pêcheur de Galilée, ceux-là nous ont donné un Jésus, et non quatre. Les différences sont telles que quatre photographies d'un seul homme dans des postures différentes prises par le même artiste le même jour. Peu importe par quelle plume ils ont été enregistrés, les paroles et les actes de Jésus dans les quatre évangiles sont les paroles et les actes d'un seul homme.

Mais il existe une autre vision de l'idée selon laquelle les évangélistes ont inventé le personnage de Jésus.

Admettant que ces hommes avaient la capacité mentale et spirituelle d'avoir créé un personnage tel que celui de Jésus ; en admettant que, par quelque étrange hasard, bien que sans précédent ni succession, et en totale contradiction avec tout ce que nous savons des lois de l'esprit humain, ces écrivains, en eux-mêmes et dans leurs circonstances si différentes, ont inventé non pas quatre, mais un seul personnage, là Il y a une autre chose à considérer, et elle seule est concluante : ils ont forcément inventé un Jésus différent du Jésus des évangiles.

Il est impossible que ces hommes aient été soumis à des influences qui ont non seulement caractérisé leur époque, mais qui ont fait d'eux ce qu'ils étaient. Les évangiles eux-mêmes montrent que ces hommes n'étaient pas seulement entièrement hébreux dans leurs pensées et leurs dispositions, mais aussi des Hébreux de cette époque. Aucun écrivain ne peut plus échapper à l'atmosphère intellectuelle et morale de son temps qu'à l'hérédité qui est dans son sang. Ces influences se manifesteront dans toute œuvre de l'imagination aussi certainement que les enfants ressembleront à leurs ancêtres.

Or, Jésus, bien que juif, n'est pas comme son époque ni comme son peuple. Il n'est juif que par le sang ; il n'est pas juif dans sa pensée ou dans son caractère.

Le Juif de cette époque, ne disant rien de ce qui était passé ni de ce qui allait arriver à ce peuple si merveilleux, avait une sympathie étroite ; Jésus était aussi vaste que l'humanité. Le Juif était exclusif ; Jésus accueillait tous ceux qui venaient à lui. Le Juif avait peu de tolérance pour les opinions qui n'étaient pas les siennes, et aucune pour les hommes d'autres races ; aucun cosmopolitisme, ni même la charité chrétienne, n'a encore atteint la tolérance divine de Jésus. Le Juif n'éprouvait que du mépris pour les tribus bâtardes de Samarie ; Jésus fait en sorte qu'un Samaritain nous enseigne la fraternité universelle. Le Juif sentait que le contact avec les autres nations le souille ; il n'y a pas chez Jésus la moindre saveur d'une quelconque sorte de préjugé de race ou de caste.

La passion maîtresse qui dominait la vie juive à l'époque de Jésus était un patriotisme farouche qui déployait ses feux dans une haine amère et éternelle contre Rome ; Jésus, tout en aimant son peuple et en pleurant sur ses calamités imminentes, a dit : « Aimez vos ennemis. » Si ces écrivains avaient inventé un personnage en écrivant les évangiles, leur héros aurait été en sympathie avec son époque et son peuple. Un tel Christ aurait déployé l'enseigne du lion de Juda, et chaque épée aurait sauté de son fourreau depuis les montagnes du Liban jusqu'aux frontières d'Edom. Mais Jésus rendit hommage à César et ordonna à ses disciples de le faire.

De Jésus, nous pouvons bien dire ce qu'il a dit de lui-même : il est « le Fils de l'homme ». Il appartient à tous ; c'est un personnage universel, et le seul dans l'histoire. Il est le frère de tout être humain ; il aime les uns aussi bien que les autres et chacun parfaitement. Il compte autant pour nous aujourd'hui que pour ces amis de Béthanie qu'il aimait, ou comme il comptait pour ce « disciple bien-aimé » qui s'appuya sur sa poitrine lors de la Dernière Cène.

La conclusion qui s'impose est qu'un tel personnage n'aurait pas pu être créé par le génie dramatique, encore moins par les quatre écrivains de cette période qui nous ont donné les évangiles. Le Jésus des Évangiles doit avoir vécu, avoir été conçu ou décrit.

Cette conclusion s'accorde avec la méthode qu'adoptent ces écrivains pour nous présenter ce personnage. C'est la méthode d'une parfaite simplicité. Nulle part ils n'essaient de nous dire ce qu'il était ou à quoi il ressemblait. Il n'y a pas de comparaisons, pas d'analyses de qualités, pas d'esquisses de caractères ; il n'y a aucun effort, pas le moindre, pour dresser son portrait. Ils écrivent simplement ce qu'ils l'ont vu faire et ce qu'ils l'ont entendu dire ; et ils montrent clairement qu'ils ne comprenaient ni ses actes ni ses paroles, et qu'ils le comprenaient encore moins.

Le plus grand génie n'aurait pas pu inventer le caractère de Jésus. Des hommes ordinaires, comme Matthieu, Marc, Luc et Jean, pouvaient écrire sur une vie vécue ; ils pouvaient écrire les mots qu'ils l'entendaient prononcer ; ils pourraient enregistrer l'histoire des bonnes œuvres qu'ils l'ont vu accomplir, et ainsi nous faire connaître Jésus, « qui et quelle sorte d'homme il était ».

CHAPITRE V.
JÉSUS ET MYTHES.

CERTAINS érudits, en cherchant une manière de rendre compte du Jésus du Nouveau Testament sans accepter la réalité de son existence, ont cherché à établir une notion comme celle-ci : Il est vrai que les évangélistes n'ont pas inventé ce personnage, pourtant Jésus n'a jamais inventé ce personnage. vraiment vécu; il n'est que le mythe de l'histoire hébraïque.

Nous devons penser à Jésus, nous disent-ils, comme au Thésée grec, aux Isis et Osiris égyptiens, au Thor et à l'Odin des légendes scandinaves, à l' Hindoustan Vishnu, ou au Bouddha, et à une foule d'autres mythes qui appartiennent à la poésie, aux traditions, aux superstitions et aux religions d'autres nations. De nombreuses études ont été mobilisées au service de cette notion. Tout cela peut paraître plus absurde que sérieux à celui dont l'éducation a rendu Jésus de Nazareth réel à ses pensées. Il se peut effectivement qu'il en soit ainsi ; mais nous devons être justes même envers ceux qui nous semblent avancer des vues absurdes. Je ne peux douter que certains esprits capables et sincères aient a accepté une théorie de Jésus qui en fait un simple mythe hébreu.

Examinons cette théorie avec bon sens, sans alourdir ces pages de citations fastidieuses et déroutantes. Il y a certaines choses qui peuvent être assez claires pour ceux qui ne sont pas instruits dans les écrits et les légendes mentionnés – certaines choses que les érudits ne peuvent nier. Les mythes sont des croissances, et tout ce qui pousse – qu'il s'agisse d'un arbre, d'un homme, d'une pensée ou d'une légende – grandit sous certaines lois qui ne peuvent être violées. Il peut y avoir certaines lois en vertu desquelles des mythes se développent, à mon insu. Mais certaines de ces lois sont indubitables. Je les mentionne, et vous verrez par vous-même qu'aucun d'eux n'est observé dans l'histoire de Jésus. L'histoire que nous trouvons chez les évangélistes les viole toutes. Si les conceptions des autres nations appelées mythes sont des mythes , alors Jésus ne peut pas être compté parmi eux.

1. Les mythes naissent et, en tant que conceptions, sont complets avant l'histoire écrite. Dans toutes les nations, les premiers historiens racontent des histoires mythologiques antérieures à toutes les lettres et à tous les documents. Dans certains pays, une histoire fragmentaire est devenue une sorte de document avant l'existence d'un véritable langage écrit. Des images grossières gravées sur pierre ou peintes, et ce qu'on appelle des caractères cunéiformes, tels qu'on en trouve sur les les briques ou les cylindres d'argile parmi les ruines de Ninive et de Babylone, et les hiéroglyphes que l'on trouve sur les tombes antiques d'Egypte, du Mexique et d'autres pays, nous parlent de mythes nationaux qui appartenaient à une époque bien antérieure à ces

tentatives grossières de l'écriture a été faite. Le principe – il est invariable comme une loi – s'applique à toute nation qui possède un mythe ou une histoire écrite de quelque sorte que ce soit.

Mais le Jésus des évangélistes est apparu, et l'histoire de sa vie a été écrite, longtemps après que l'histoire la plus mouvementée et la plus importante de la race hébraïque ait été enregistrée.

2. Dans tous les mythes, il y a quelque chose de grotesque, voire de monstrueux. Ce sont des exagérations d'hommes ou d'animaux. Parfois, ce sont des forces naturelles représentées comme s'incarnant sous une forme fantastique. Si sous forme humaine, les personnages mythiques sont gigantesques, étranges, à la limite du contre nature et de l'impossible. Mais Jésus apparaît comme un homme, simplement ; il n'a pas de particularité personnelle qui le distingue de ses voisins et compagnons. Pas un mot dans l'histoire ne suggère quelque chose d'anormal ou même de singulier. Il n'y a pas un mot pour nous parler de son apparence personnelle ; il n'y a aucune suggestion de quoi que ce soit d'inhumain ou d'extra-humain dans sa forme ou ses manières telles qu'il est apparu parmi les hommes. Le halo autour de sa tête que vous voyez sur les photos est une jolie vanité. des peintres; il n'y a aucune allusion à cela, ou à quoi que ce soit de semblable, dans l'histoire des évangélistes. Il n'y a pas même un mot sur son teint, sa stature, la couleur de ses cheveux ou de ses yeux, ou le ton de sa voix. Il n'est qu'un homme parmi les hommes, quelqu'un qui aurait pu passer inaperçu dans les rues de Jérusalem.

Lisez ce que les livres anciens vous disent sur les mythes grecs, romains, égyptiens et autres. Comme ils sont étranges, comme ils sont différents des hommes ! Jésus apparaît comme un homme, et les évangélistes n'ont pas un seul mot pour indiquer qu'il avait une apparence particulière à quelque égard que ce soit.

3. Les mythes reflètent leur époque, leur lieu et leur race. Cette déclaration est sans exception. Thésée est originaire de la Grèce antique et est grec dans tous ses tendons et linéaments. Odin et Thor nous viennent des sombres forêts allemandes et ne sont que des exagérations, dans leurs vertus et leurs vices, des puissants barbares qui les habitaient. Isis et Osiris ressemblent autant à l'Égypte que le désert, le Nil et ses sources mystérieuses. Bel-Mérodach ressemble autant à la Chaldée que pourraient lui ressembler la vallée de l'Euphrate et sa civilisation perdue. Vishnu est aussi hindou que le Gange et ses terribles jungles et les bêtes féroces qui faisaient peur aux hommes. Et ainsi chacun d'entre eux, depuis les conceptions les plus élevées et les plus nobles de l'humanité divine, des hommes qui ont toujours inspiré l'imagination grecque avec de grands idéaux, jusqu'aux plus méchants et aux plus diaboliques qui ont jamais rempli de terreur les superstitions des

bushmen africains ou australiens. Mais chez Jésus, il n'y a aucune trace de couleur provenant d'une scène ou d'une période quelconque de l'histoire hébraïque, depuis Abraham à Ur en Chaldée jusqu'à l'époque de César Auguste.

4. Dans toutes les nations, les mythes défient la chronologie ; ils sont sans dates. Dans l'imagination de leur peuple, ils semblent avoir existé non seulement depuis les débuts de la vie nationale, mais même avant celle-ci. Pensez à n'importe lequel d'entre eux, à ceux qui nous sont parvenus des nations anciennes, ainsi qu'à ceux qui tiennent encore leur place dans le folklore des peuples barbares. Ils sont tous sans date. Nous ne lisons pas d'Isis et d'Osiris apparaissant dans la capitale de l'Égypte à l'époque de Ramsès II ; les dieux égyptiens sont plus anciens que n'importe laquelle de leurs dynasties et vivaient avant que les hommes ne tiennent des généalogies. Et ainsi de tous les dieux de la mythologie ; ils sont sans contemporains connus dans aucune histoire. Les mythes précèdent l'invention des calendriers ; si le temps était compté, les années étaient sans date. Comme l'histoire de Jésus est totalement différente, dont certains nous disent qu'elle n'est qu'un mythe hébreu !

De Jésus et du moment de son apparition, il est écrit :

« Et il arriva en ce temps-là que fut publié un décret de César Auguste, selon lequel le monde entier serait taxé. Et cette taxation a été faite pour la première fois lorsque Cyrenius était gouverneur de Syrie. Auguste était empereur ; Cyrenius était gouverneur en Syrie ; Hérode était roi de Judée.

5. Les mythes défient la topographie comme ils défient la chronologie ; ils ne sont pas seulement sans dates, ils sont sans localités définies. Ils sont apparus non seulement lorsque cela ne peut pas être fixé dans le temps, mais aussi quelque part qui ne peut pas être trouvé comme lieu. Leur origine est entourée de mystère. Certains contemporains de Jésus lui ont reproché : « Quant à cet homme, nous savons d'où il vient. »

Dans l'histoire de Jésus, on nous raconte des lieux avec une telle précision que les déclarations des évangélistes sont encore aujourd'hui les meilleurs guides pour les savants qui font des explorations pour retrouver des reliques et des fragments de l'histoire perdue en Palestine. Ils ne nous parlent pas de Jésus apparaissant quelque part dans leur pays, comme en Galilée, en Samarie, en Judée. Ils nous parlent de Nazareth, Bethléem, Bethsaïda, Capharnaüm, Bethphagé , Béthanie, le Mont des Oliviers. Ils nous parlent de la « belle porte du temple » que lui et ses disciples regardaient, et du « puits de Jacob » « près de la parcelle de terrain que Jacob a donnée à son fils Joseph » – l'endroit même où Jésus s'assit pour se reposer, tandis que ses disciples allaient à Sychar acheter du pain au boulanger, le puits dans lequel une femme des Samaritains puisait de l'eau et lui donnait à boire.

6. Les mythes ne s'achèvent pas d'un coup. Leur développement nécessite du temps, des âges. Mais la conception du caractère de Jésus entre dans la pensée des hommes avec sa manifestation et perdure à travers les siècles qui ont suivi, telle qu'elle a été donnée pour la première fois au monde.

Il n'y a absolument rien de semblable dans toute l'histoire hébraïque qui l'a précédé, tout comme il n'y a rien de semblable dans l'histoire qui l'a suivi. Et la conception de Jésus qui est donnée par les brefs récits des évangélistes est si complète, si complète, que les tentatives ultérieures d'y ajouter des récits des soi-disant évangiles apocryphes ont complètement échoué. Aucune histoire merveilleuse, transmise d'une génération à l'autre, n'a rien ajouté ou retranché au Jésus des évangélistes. Ce que Jésus signifiait lorsque les évangiles furent écrits, il l'a vécu à travers les siècles qui l'ont suivi. Ce qu'il était alors, il l'est aujourd'hui.

7. Tous les mythes appartiennent à l'enfance, jamais à l'âge d'une nation. Ils jaillissent des brumes matinales ; ils n'apparaissent jamais à la lumière du jour. Si l'histoire de Jésus s'était située en Chaldée, avant l'appel d'Abraham, elle aussi aurait appartenu à l'enfance d'une race. Pour s'harmoniser avec les lois qui régissent le développement des mythes, l'histoire de Jésus aurait dû anticiper les premiers chapitres de l'histoire hébraïque ; il aurait dû être placé dans cette période incertaine qui comprend la dispersion d'Arménie, deuxième berceau du genre humain.

Mais l'histoire de Jésus est donnée au monde, fraîche et complète, sans la moindre allusion dans toute l'histoire précédente, dans les dernières années, les derniers jours de la vie nationale hébraïque en Judée.

L'histoire est antérieure de peu de temps à la destruction de Jérusalem par Vespasien et ses légions romaines ; à la naissance de Jésus, Auguste était empereur ; Lorsque Jésus entra en ministère, Tibère César était dans la quinzième année de son règne ; son lieutenant, Ponce Pilate, gouvernait la Judée comme province soumise, et ses soldats maintenaient la paix dans la ville sainte.

Considérez combien il est impossible pour les mythes de naître après une histoire écrite, sous le soleil de la vie dans une nation adulte. Même les jolies histoires du roi Arthur et de ses chevaliers de la Table ronde appartiennent à cette époque lointaine de l'Angleterre où il n'existait pas d'histoire écrite digne de ce nom, où les lettres étaient presque inconnues, quand tout était jeune, frais et ignorant, et que les fées régnaient encore dans les forêts.

Pensez à un mythe qui prend naissance aujourd'hui à Londres, à l'ombre de St. Paul's et du Parlement. Pensez au monde d'aujourd'hui parlant du « Gordon chinois » s'il n'y avait pas eu de « Gordon chinois ». Si les gens qui ont des lettres, écrivent des histoires et « bouleversent le monde » avec l'histoire de l'Évangile laissent seuls les pauvres sauvages de la vallée du Congo, des milliers d'années après notre époque, Livingstone et Stanley vivront dans des pays africains. les traditions en tant qu'hommes divins ; et ainsi de nouveaux mythes naîtront, grandiront et se fixeront dans les légendes de ces pays où ils ont réalisé de nombreuses œuvres merveilleuses – mais Londres et New York n'engendreront aucun mythe concernant Livingstone et Stanley.

CHAPITRE VI.
JÉSUS ET LA NATURE HUMAINE HÉBRAÏQUE.

IL Y a des écrivains qui voient clairement que les quatre évangélistes n'ont pas pu inventer le personnage de Jésus, et qui savent que l'histoire de sa manifestation viole toutes les lois connues qui régissent la naissance et la croissance des mythes ; mais on nous dit que Jésus n'était pourtant qu'un homme. On dit qu'il a réellement vécu en Palestine à l'époque d'Auguste, de Tibère, d'Hérode et de Pilate, et qu'il n'était qu'un homme après tout – un homme doté de très grands dons et de très grandes vertus, le meilleur homme et le plus grand enseignant qui ait jamais vécu. . Cela signifie que la nature humaine était capable de produire Jésus ; cela signifie que la nature humaine hébraïque, dans ce pays et à cette époque, était capable de produire Jésus, ses doctrines et sa vie. En d'autres termes, il était un produit des plus extraordinaires, mais néanmoins naturel, de sa race, de son pays et de son époque ; le produit normal, bien que la fleur consommée, de la vie juive.

En considérant que les évangélistes, leur accordant des capacités de toutes sortes pour l'invention d'un caractère si parfait et d'un tel caractère, ont dû donner Nous avons montré un caractère différent, mais certaines des difficultés de la théorie du développement naturel ont été mises en évidence par hasard. Mais il y a d'autres questions à considérer équitablement en relation avec cette méthode de rendre compte de Jésus.

Jésus, dans l'un des principes philosophiques les plus simples – mais aussi l'un des plus profonds et des plus complets – nous a donné le germe de notre philosophie inductive et de notre méthode scientifique moderne. Lorsqu'il a dit : « Vous les reconnaîtrez à leurs fruits », il nous a enseigné que nous devons rendre nos théories conformes aux faits établis plutôt que d'expliquer nos faits par nos théories préconçues. C'est par le fruit que l'on doit connaître la qualité de l'arbre.

Quelle sorte de fruit poussait sur cet arbre hébreu à longue durée de vie ? Vous pouvez chercher la réponse par vous-même ; toute l'histoire hébraïque vous le dira.

Commencez par l'histoire d'Abraham, dans la Genèse, et suivez à travers les siècles le fil de l'histoire hébraïque jusqu'aux temps de César Auguste et de Jésus, si vous voulez, jusqu'à nos jours. Nous trouvons dans cette histoire des patriarches, des législateurs, des prêtres, des juges, des soldats, des rois, des hommes d'État, des poètes, des réformateurs et des prophètes. Nous avons Abraham et les autres patriarches ; Moïse, Aaron et ses successeurs ; Josué et ses compatriotes ; Samuel, dernier et meilleur d'un une longue file de juges ; Saül, David, poète, mais aussi soldat et roi ; Salomon, génie et philosophe, sage et débauché ; Isaïe et les autres prophètes ; Néhémie et autres réformateurs ; Daniel, l'homme d'État, au service d'un prince étranger, conquérant de son peuple. Plus tard, nous avons Judas Maccabée , le défenseur héroïque de son pays, et d'autres hommes puissants qui ont donné leur vie dans une lutte désespérée pour la liberté de leur nation. Plus tard encore, nous lisons parler d'hommes comme Anne et Caïphe, les méchants grands prêtres d'une époque mauvaise. Nous avons Gamaliel, savant en droit, et son élève, Saul de Tarse. (Sans Jésus, il n'y aurait pas eu de Paul.) Nous avons les hommes présentés comme des « disciples » de Jésus. Plus tard apparaissent un homme comme Josèphe et les hommes courageux qui combattirent les Romains et moururent pour Jérusalem. Considérez-les tous, les forts et les faibles, les bons et les mauvais, tels qu'ils ont poussé sur cet arbre hébreu. Ces hommes montrent le meilleur comme le pire qu'ils peuvent faire. Il faut juger cet arbre à ses fruits.

Pouvons-nous placer Jésus parmi eux et le compter comme l'un d'eux, le meilleur d'entre eux ? Un arbre qui produit ces autres pourrait-il le produire ? Poser la question, c'est y répondre.

Je sais ce que certains auteurs ont à dire lorsqu'ils parlent de trouver des types de Jésus parmi ceux qui vécu avant lui; ce qu'ils disent de Moïse, Josué et d'autres. Certains d'entre eux étaient des hommes véritablement grands et bons, parmi les meilleurs que la race humaine puisse montrer. Mais nous ne pouvons pas placer Jésus parmi eux ; ils ne s'approchent pas de lui et ne lui ressemblent pas. Il est seul et à part. Non seulement il est au-dessus d'eux, mais il ne leur ressemble pas. La question n'est pas simplement de savoir si l'arbre hébreu, à en juger par tous ses autres fruits, était capable de produire ce caractère parfait dans le monde entier, mais aussi s'il aurait pu produire ce genre de caractère ? Cela n'a certainement jamais été le cas avant lui ni après lui. Cherchez dans l'histoire une ombre de preuve que cette race — merveilleuse et unique à tous les temps et dans tous les pays — d'Abraham à Disraeli possédait des pouvoirs qui pourraient, dans le cadre d'un développement normal, produire Jésus de Nazareth.

Si vous le souhaitez, vous pouvez élargir la portée de vos demandes. Oubliez que Jésus était juif de par le sang, la naissance et la formation. Essayez toute l'histoire ; rechercher les archives d'autres nations. Parlez-moi des sages et des réformateurs — des grands et bons hommes d'autres peuples et pays ; de Zoroastre, Confucius, Socrate, Bouddha et les autres ; de Moïse ou de tout autre Juif que vous pourriez nommer avec eux. Jésus est-il seulement l'un d'entre eux ? Le meilleur d'entre eux peut-être, mais un seul d'entre eux ? Lisez tout ce que vous pouvez d'eux tandis que leurs meilleurs amis racontent leurs histoires, et vous reculeriez si un créateur de cyclopédies parlait d'ajouter seulement le nom de Jésus.

Ce n'est pas simplement que vous avez entendu votre mère prier Jésus ; ce n'est pas simplement l'incitation de votre « foi du berceau ». La raison est plus profonde ; si aujourd'hui pour la première fois vous lisiez parler des grands et saints hommes des autres nations et de Jésus, vous devriez penser à lui, sans attendre de comprendre pourquoi, dans un endroit à part, comme une grande étoile brille seule. Aucune lumière n'est aussi splendide, mais l'œil connaît la lumière du soleil pour ce qu'elle est.

Mais il ne s'agit pas, comme vous le savez, de savoir ce que la race humaine pourrait faire à une certaine époque ; en fait, que pouvait faire la race hébraïque à l'époque de César Auguste ? Car Jésus était de la race hébraïque et de cet âge-là.

Mais pour le moment, oublions cette limite de notre enquête et demandons-nous : que pourrait faire cet âge ? C'est comme se demander : que pourraient faire la race et la civilisation romaines ? Car la gloire de l'Égypte et de Babylone avait disparu depuis longtemps, et les grands Grecs existaient avant l'époque de Jésus. La vie romaine dominait alors le monde, et la vie romaine fit de son mieux pour produire Jules César . Mais il n'y avait pas dans la vie romaine, ni tradition, ni pensée, ni sentiment, une seule qualité ou influence d'aucune sorte qui puisse avoir un quelconque rapport avec le monde romain. production d'un personnage comme celui-ci que les évangélistes nous ont donné.

Mais en fin de compte, nous devons poser simplement cette question : que pouvait faire la race hébraïque à cette époque ?

Seules les influences juives sont entrées dans la vie de Jésus. Il n'y a dans aucune de ses pensées ou de ses paroles un écho de quoi que ce soit de caractéristique des autres peuples. Il n'y a aucune trace dans ses pensées des maîtres grecs ou romains. Il n'avait rien des autres professeurs ou penseurs. Il n'était qu'un juif, jamais sorti de Palestine, issu d'une famille paysanne de Galilée. Le Galiléen était un homme étroit, méfiant et vengeur ; provincial jusqu'au dernier degré; retenir les vieilles idées et rejeter les nouvelles sans se soucier des arguments ou des preuves – le « Bourbon » de son temps. C'était un homme aux préjugés plus amers que ceux qui caractérisaient même les hommes de Judée. Mais même la Galilée a connu le meilleur et le pire, et Jésus a été élevé dans une ville de montagne peu recommandable. « Est-ce que quelque chose de bon peut sortir de Nazareth ? » était un proverbe commun, qui apportait sa propre réponse et indiquait l'estime que les gens les plus riches du pays accordaient à la petite ville.

Jésus n'a pas été enseigné dans les grandes écoles de son propre peuple. « Comment cet homme connaît-il les lettres, alors qu'il n'a jamais appris ? implique plus que ça ses auditeurs connaissaient suffisamment bien son histoire pour savoir qu'il n'avait pas été formé à l'école comme l'étaient leurs scribes ; cela signifie qu'ils savaient qu'il ne parlait pas comme leurs savants parlaient. Jésus ne parlait pas comme un livre ; il n'a pas été instruit dans les livres ; sa langue indique, pour autant que comptent les livres, la connaissance des Écritures uniquement ; il savait lire, mais il n'était pas un érudit.

Comparez maintenant les conditions dans lesquelles ce jeune charpentier de Nazareth, exerçant son métier et faisant du bon travail jusqu'à l'âge de trente ans, devint un homme ; considérez ce que son peuple était à son meilleur ; considérez combien peu de ce qu'il y avait de meilleur dans la vie hébraïque est entré dans son éducation galiléenne ; considérez les conditions difficiles et les limites étroites de sa vie, et dites-moi si Jésus est un développement normal de sa race, de son époque et de son lieu ?

Nous ne parlerons pas maintenant de ses enseignements ; comparez-le à ses conditions naturelles. Il n'y a rien dans toute l'histoire humaine qui permet de croire qu'un simple juif, élevé dans ce Nazareth, aurait pu devenir ce personnage parfait et sans défaut. S'il en est autrement, il n'y a rien, absolument rien, dans l'hérédité ou dans le milieu ; alors n'importe quel sol peut produire n'importe quel fruit. Mieux vaut s'attendre à trouver les arbres royaux de la vallée de Yosemite poussant avec la sauge rabougrie de l'Arizona.

Considérez les enseignements de Jésus et dites-moi cette perfection de vérité peut-elle sortir de Nazareth ? Considérez ce qu'il enseigne sur Dieu, l'âme humaine, le péché, la réconciliation, le salut et l'immortalité. Considérez comment il enseigne et illustre dans sa vie la fraternité de la race humaine. Considérez son éthique – ses doctrines du bien et du mal. Ce qu'il enseigne sur le bien et le mal, en principe et en pratique, est si absolument complet et parfait que les hommes bons – les meilleurs hommes du monde aujourd'hui, si longtemps après son époque – ne peuvent même pas concevoir une seule vertu qu'il a faite. pas enseigner ni d'un seul mal qu'il n'a pas condamné. Bien plus, les plus sages et les meilleurs essaient toujours d'enseigner aux hommes la vérité que Jésus a enseignée ; et son niveau est si élevé qu'aucun homme sensé et honnête n'a jamais prétendu l'avoir atteint.

Un écrivain s'est aventuré, pour trouver une place sur ce soleil, à dire : Jésus n'a pas enseigné le patriotisme ! Sa vie entière a été consacrée à son peuple ; ses doctrines nourrissent et conservent le patriotisme. Il n'a pas enseigné ce qu'un simple partisan d'un clan ou d'une tribu appelle le patriotisme ; alors il n'aurait été qu'un fanatique galiléen. Il enseigne le seul patriotisme qu'un homme bon puisse respecter : l'amour de la patrie qui croit en la droiture et en la règle d'or qui aime les siens et ceux des autres aussi. Si Jésus n'est qu'un homme, un juif galiléen, nous devons rappelez-vous : il contredit par son caractère parfait et son enseignement parfait des conditions de sa vie. Cette perfection de caractère et d'enseignement d'un côté, et ce juif galiléen et ce charpentier nazaréen de l'autre, non seulement ne sont pas d'accord, mais ils ne peuvent pas exister ensemble. C'est par sa vie que l'on réalise à quel point tous les autres sont imparfaits ; c'est par ses enseignements que nous testons le bien et le mal de tous les autres enseignements.

Il n'y a absolument rien dans sa race ou son âge qui explique Jésus. Le fait qu'il soit un produit normal de sa race et de son âge contredit toutes les lois de la vie que nous connaissons. S'il n'en est pas ainsi, toute l'histoire ne sert à rien et il n'y a ni loi ni raison dans la nature des choses.

CHAPITRE VII.
SA MÉTHODE DE PENSÉE LE DIFFÉRENCE DES HOMMES.

EN étudiant l'histoire des évangélistes, essayons de nous rapprocher de Jésus. Nous n'avons pas besoin d'avoir peur ; il voudrait que nous découvrions tout ce que nous pouvons sur lui ; il voudrait que nous sachions quel genre d'homme il est. Si nous aimons la beauté, la bonté et la vérité, nous l'approcherons avec respect. Aucun homme bon, aucun homme en qui vous pouvez respecter ou faire confiance ne parlera de Jésus avec des paroles désinvoltes. Mais nous pouvons aller vers lui sans hésiter ; celui qui a pris les petits enfants dans ses bras, les a bénis et les a embrassés ne recevra pas avec froideur le plus humble étudiant. En effet, plus on a besoin de lui, plus il est le bienvenu. C'est lui qui dit aux « fatigués et chargés » : « Venez à moi ».

Considérons maintenant, du mieux que nous pouvons, ce qu'il faut appeler sa méthode de pensée. Cela le différencie complètement de tous les simples enseignants humains. On peut trouver de nombreuses illustrations.

En premier lieu, Jésus ne cherche pas la même fin que les grands penseurs, qui ont donné le Le monde, sa philosophie et sa science, cherchent toujours à créer un système intellectuel de et pour l'univers. Humboldt, qui était un homme très instruit et doué, nous livre un grand ouvrage qu'il appelle *Cosmos*. Il raconte tout ce qu'il savait, ou pensait savoir, de l'univers et l'explique du mieux qu'il pouvait. Il est un parmi tant d'autres ; tous les philosophes tentent de rendre compte des choses, et plus elles sont grandes, plus ils s'efforcent.

Dans l'esprit humain, il existe une tendance irrésistible à rechercher les choses secrètes et à en construire une philosophie. Aristote nous a donné ses *Catégories* ; les modernes s'essayent au même genre de choses. Cela signifie seulement ceci : les hommes qui sont philosophes et penseurs cherchent à classer tous les faits et à découvrir et à exprimer — « formuler » est le mot — une loi complète, globale et explicative de ceux-ci.

Le plein d'esprit Dr Oliver Wendell Holmes, dans son *Poète à la table du petit-déjeuner*, nous donne une jolie satire de cette disposition invincible et des efforts toujours déçus et décevants des penseurs. Son « Philosophe » était toujours sur le point de trouver l'expression de sa grande découverte – sur le point d'énoncer la loi globale, la formule parfaite, qui n'oubliait rien et expliquait tout.

C'est essentiellement une manière d'homme ; dans tous les départements nous voyons la tendance et l'effort des hommes pour expliquer l'univers.

Le chimiste parle d'« atomes » parce qu'il veut aller au fond des choses, connaître le fait ultime, au-delà duquel l'analyse ne peut aller. L' ontologue parle de « germes » pour la même raison ; il s'efforce toujours de trouver quelque chose – une substance ou une force – qui lui expliquera non pas un mais tous les processus de la vie. Et les plus grands cherchent toujours à expliquer l'origine de toutes choses, à montrer comment l'univers a commencé ou s'est mis en marche.

Le philosophe qui étudie l'esprit cherche le même genre de fin : la construction d'une science mentale qui embrasse chaque fait et explique chaque mystère de l'action mentale. Le théologien est dans la même dérive ; il veut une philosophie de la religion. Il cherche à expliquer Dieu et, dans de nombreux cas, semble travailler plus sérieusement pour montrer comment Dieu peut sauver un pécheur conformément à sa propre nature et à son gouvernement plutôt que de montrer au pécheur comment être sauvé. Le théologien s'efforce de montrer quelle est l'origine du mal et de faire de sa vision une philosophie qui harmonise toutes les différences et explique tous les mystères.

La force de cette tendance chez les simples hommes – et elle est la plus forte chez les plus grands – à trouver une déclaration ce qui peut expliquer toutes choses est démontré dans les conclusions absurdes que certains d'entre eux, tout à fait sains d'esprit sur d'autres sujets, acceptent pour eux-mêmes et poussent à d'autres esprits. Un grand chimiste conclut que l'univers était « autrefois latent dans un nuage de feu » et semble se contenter d'une forme de jolis mots. Un autre interprète de mystères explique la vie dans notre monde en nous disant que les « germes » ont été apportés pour la première fois de quelque part dans l'espace par des « chutes de météorites », rend son culte à ce qu'il rêve être la science et se contente d'éloigner son problème de lui. . L'idée que le mot « protoplasme » est censé représenter représente un autre effort pour expliquer toutes choses, bien que par une théorie plus difficile à comprendre que l'univers qu'il engloberait et exposerait. Ce ne sont que des spécimens ; les temps anciens et modernes en regorgent. Plus sage peut-être et tout aussi scientifique était le désespoir de cet étudiant des mystères de la vie et de l'homme qui concluait que le « chaînon manquant » devait se trouver au fond de l'océan Indien ; car aucun plongeur ne peut prouver ce qui ne se trouve pas dans une eau aussi profonde que cette mer insondable.

Ce que nous étudions aujourd'hui est une tendance irrésistible des esprits pensants. Ce n'est pas propre à une classe d'hommes ; cela ne caractérise pas un âge. C'est tout simplement la nature humaine de poser des questions et de chercher explications. Considérez quelques noms mentionnés maintenant et voyez par vous-même que plus l'homme est grand, plus il essaie d'expliquer l'univers – de trouver une formule suffisamment grande pour le contenir, classer ses faits et corréler ses forces. Pensez à ces hommes et aux quelques-uns dont les noms devraient les accompagner : Socrate, Platon, Aristote, Origène, Augustin, Pélage, Athanase, Calvin, Edwards, Leibnitz, Bacon, Humboldt, Kant, Cuvier et, peut-être, quelques hommes nouveaux. Philosophes, scientifiques, théologiens, ils sont tous pareils en cela : ils construisent un système, une philosophie de l'univers.

Ne vous méprenez pas sur mon objectif dans ces illustrations ; la disposition que nous avons considérée est un pur instinct humain ; c'est irrésistible, et c'est la condition de l'activité mentale. L'esprit qui ne pose pas de questions, qui ne frappe pas aux portes fermées de la connaissance, stagne et périra. Le progrès et la croissance dépendent de la recherche. Les sages encourageront tout étudiant sérieux, qu'il essaie de découvrir ce qu'est un atome ou ce que contiennent les étoiles. C'est la manière d'un homme de chercher à expliquer toutes choses ; l'effort fournit l'exercice et la discipline qui rendent la croissance et le progrès possibles dans la course.

Mais à ces égards, comme à bien d'autres, Jésus est totalement différent des philosophes, des scientifiques et des théologiens. Il ne cherche pas du tout la fin que recherchent de simples hommes. Il nous fait comprendre l'univers – la matière et l'esprit, l'homme et Dieu – mieux que tous ensemble. Mais il ne rend compte des choses nulle part. Il n'a pas un mot sur le « cosmos ». Il ne fait aucune enquête, ne soulève aucune question, n'offre aucune explication sur l'origine des choses. Il semble n'y avoir chez lui aucune conscience des mystères de l'univers, ni quant à son origine, ni quant à sa nature.

Mais on peut dire que Jésus a enseigné la morale, la religion, et non la science ou la philosophie, et qu'il n'a pas eu l'occasion de construire un système de l'univers. En morale et en religion, plus que partout ailleurs, de simples hommes construisent des systèmes lorsqu'ils pensent, expliquent les choses lorsqu'ils enseignent. Mais Jésus, qui enseignait la morale et la religion, ne ressemblait à aucun autre, de simples hommes qui enseignaient la morale et la religion. Il n'a pas dit un mot – lui, le seul professeur qui semblait le comprendre – sur « l'origine du mal », le sujet qui a plongé la théologie dans la folie ; lui, le seul qui ait semblé capable de le faire, ne nous a pas donné de « théodicée », ni même semblé y penser.

Lui qui prétendait connaître parfaitement Dieu, il n'a pas expliqué Dieu ni philosophé sur Dieu ; Jésus ne nous a pas seulement donné une philosophie de lui-même, de sa vie ou de sa mission. C'était John, le disciple, et non Jésus, le Maître, qui a écrit sur le Logos. Jésus ne propose aucune philosophie du plan de salut ; il ne le fait pas philosophize concernant la foi, ni la prière, ni l'immortalité.

Quant au mal, Jésus dit aux hommes ce qu'est le mal, montre la ruine qu'il entraîne sur eux et leur indique le chemin de la délivrance. Il parle aux hommes de leur mal et de la manière d'y mettre un terme.

Jésus n'enquête jamais. Il ne doute jamais de ses connaissances ni ne remet en question un seul instant les fondements de celles-ci. Nous n'avons pas de mot approprié pour décrire sa méthode ; l'intuition est peut-être aussi bonne que n'importe quelle autre. Sa pensée n'est pas un processus ; c'est comme voir, et non apprendre, la vérité ; ne voyant pas l'extérieur des choses comme les hommes les voient, mais l'intérieur d'elles comme Dieu les voit.

Jésus n'utilise jamais ces formes de logique qui sont absolument nécessaires à toutes les autres. Nous parlons de sa « méthode de pensée » ; peut-être que de tels mots ne s'appliquent pas du tout à lui. Comment a-t-il découvert ce qui était vrai ? Il ne semblait pas s'en rendre compte du tout ; cela semblait être en lui. Il ne semble jamais découvrir une vérité. Il ne découvre pas, en raisonnant de ce qui est à ce qui doit être, ce qu'il ne savait pas auparavant.

En géométrie, nous commençons par ce que nous appelons des « axiomes », quelques principes simples qui n'ont besoin d'aucune preuve. Nous les appelons « allant de soi », car nous voyons qu'ils sont vrais, qu'ils doivent être vrais, à l'instant où nous savons ce que signifient les mots qui nous les expriment. Sur ces bases, nous construisons notre géométrie et toute la science et l'art qui reposent sur elle ou qui en découlent. Lorsque nous prouvons une chose que nous ne connaissions pas par quelque chose qui, étant évident en soi, n'a besoin d'aucune preuve, nous rassemblons les deux et en prouvons une troisième, et ainsi de suite aussi loin que nous pouvons aller. Jésus aurait connu le troisième, le centième et le dernier, comme il a connu le premier — sans ce processus de construction. Il saurait tout ce que contiennent les axiomes comme nous connaissons les axiomes.

Faute de mots plus justes, nous avons parlé de sa « méthode de pensée ». Comme ces paroles ont une signification pour de simples hommes, Jésus, semble-t-il, n'avait aucune méthode de pensée ; il n'a pas pensé, comme les hommes doivent le faire, à savoir ; il savait des choses. C'est peut-être en partie ce qu'il voulait dire lorsqu'il dit à Pilate : « Je suis la Vérité ».

CHAPITRE VIII.
"JAMAIS HOMME N'A PARLÉ COMME CET HOMME."

NOUS considérerons la méthode de Jésus en tant qu'enseignant, et le mot est approprié maintenant. Il avait une méthode pour enseigner aux hommes les vérités qu'il connaissait sans raisonner à leur sujet, les vérités qu'il n'avait pas découvertes par enquête, les vérités qu'il connaissait parce qu'elles étaient en lui.

Pour commencer, Jésus ne cherche pas à prouver les choses à ses auditeurs ; il annonce ce qu'est la vérité comme Dieu annonce la vérité. C'est un dogmatique divin ; il n'offre aucune preuve de ce qu'il présente comme vérité.

Aucun autre enseignant n'a jamais enseigné comme Jésus. Ce que nous pouvons appeler sa forme logique est avant tout celle du professeur ; mais aucun enseignant ne l'a jamais employé comme celui qui est venu de Nazareth. Il raisonne de la raison la plus faible vers la raison la plus forte. Il ne raisonne pas pour prouver la vérité aux autres, comme il ne raisonne pas pour la découvrir par lui-même, mais pour l'enseigner. C'est la forme de raisonnement que l'on retrouve dans toutes ses paraboles et illustrations. Ses arguments sont conçus pour aider ses apprenants à comprendre ce qu'il voulait dire et pour l'imprimer dans leur esprit. Il ne semble jamais soucieux de prouver aux hommes la vérité de ce qu'il a dit, mais seulement de le rendre clair et de le faire respecter. De nombreuses illustrations pourraient être données ; quelques-uns suffisent.

Un jour, Jésus enseignait à ses disciples la doctrine de la providence de Dieu. Il ne présente aucun argument pour prouver qu'il existe une providence ; il ne cherche pas à les convaincre, mais seulement à les aider à réaliser dans leurs propres pensées la providence universelle, infaillible et gracieuse qui les a gardés. Et il ne l'a pas fait pour leur faire comprendre la doctrine de la Providence, mais pour les aider à y avoir confiance. Il cherche à leur faire comprendre la vérité qu'il ne cherche pas à prouver. Comment s'y prend-il ? Quelle est sa méthode ? Ce n'est pas une simple méthode masculine. C'est en effet une méthode absolument simple ; mais aucun autre enseignant, qui ne l'a appris de lui, ne l'a utilisé ainsi pour parler de telles vérités.

Il commence par ce qu'ils savaient : « Considérez les lis des champs, comment ils poussent ; ils ne travaillent pas et ne filent pas ; et pourtant je vous dis que même Salomon, dans toute sa gloire, n'était pas vêtu comme l'un d'eux. Ils connaissaient les lys, c'est-à-dire qu'ils étaient habitués à les voir, ces petites fleurs si communes, si insignifiantes et pourtant si belles. Jésus conclut : « C'est pourquoi, si Dieu revêt ainsi l'herbe des champs qui est aujourd'hui et qui demain sera jetée dans le four, ne vous habillera-t-il pas beaucoup plus, ô vous de peu de foi ?

De même il raisonne avec les moineaux et les hommes. Il inspirerait à ses disciples le courage qui trouve sa racine dans la foi en la providence aimante et infaillible de Dieu. Il leur dit que le grand Dieu non seulement nourrit les pauvres petits oiseaux, mais prend soin d'eux : « Ne vend-on pas deux moineaux pour un sou ? et aucun d'eux ne tombera à terre sans votre Père. Mais les cheveux de ta tête sont tous comptés. Ne craignez donc rien, vous valez plus que beaucoup de moineaux.

Il enseignerait à ses disciples la folie d'oublier ce qui est essentiel dans les inquiétudes maussades concernant de petites choses : « Et lequel d'entre vous, en réfléchissant [en s'inquiétant], peut ajouter une coudée à sa stature ? Si donc vous ne pouvez pas faire la moindre chose, pourquoi pensez-vous au reste ?... C'est pourquoi je vous dis : Ne vous souciez pas de votre vie, de ce que vous mangerez ; ni pour le corps, ce que vous porterez. La vie est plus que de la viande, et le corps est plus que des vêtements. »

Il ferait voir aux hommes combien la prière est parfaitement simple et sans mystère et combien il est absolument certain que Dieu répondra. N'avons-nous pas écouté de simples hommes - des prédicateurs qu'ils se disaient eux-mêmes, mais faisant peut-être de leur mieux - mystifiant des gens naïfs et des petits enfants — eux-mêmes surtout — avec des discussions tortueuses sur les résultats « subjectifs » et « objectifs » de leurs dévotions ! Répondre aux infidèles, supposent-ils !

Jésus ne discute pas de la nature de la prière ; il n'a pas un mot pour prouver son caractère raisonnable ou pour harmoniser la doctrine avec le droit. Il dit : « Demandez, et l'on vous donnera ; cherchez et vous trouverez; frappez, et on vous ouvrira. Car quiconque demande reçoit ; et celui qui cherche trouve ; et à celui qui frappe, on l'ouvrira.

Comment prouve-t-il ce qu'il affirme ? Il ne le prouve pas ; il le leur rapporte : « Quel homme d'entre vous, si son fils demande du pain, lui donnera une pierre ? Ou s'il demande un poisson, lui donnera-t-il un serpent ?

Chaque auditeur, qu'il soit parent ou enfant, répondait avec son cœur : « Il n'y a pas un tel homme parmi nous. » Jésus conclut : « Si donc vous, étant méchants, savez donner de bonnes choses à vos enfants, combien plus votre Père qui est aux cieux donnera-t-il de bonnes choses à ceux qui les lui demandent ?

Les pharisiens froids et cruels, jouant avec la religion et cherchant la leur, se plaignirent un jour que Jésus avait guéri un pauvre estropié un jour de sabbat. jour. Jésus n'a fait aucune discussion sur la nature du sabbat. Il leur a rappelé qu'ils sortiraient une brebis du fossé le jour du sabbat, et conclut par une question qui leur a fait comprendre la vérité : « Dans quelle mesure alors un homme vaut-il mieux qu'une brebis ?

Ces mêmes personnes, se disputant sur les formes de religion et oubliant Dieu et l'homme, se plaignaient du fait que Jésus fréquentait « les publicains et les pécheurs » et se montrait bon envers eux. En réponse, il leur parla du berger qui, manquant une brebis sur son troupeau de cent, ne pouvait se contenter des quatre-vingt-dix-neuf, mais partit dans le désert à la recherche de celle perdue ; il leur raconta combien le berger était heureux quand, dans ses bras, il l'avait tendrement ramené à la maison. Il leur parla aussi de la femme qui ne pouvait se reposer avant d'avoir fouillé sa maison avec un balai et une bougie pour retrouver la pièce d'argent qu'elle avait perdue. Il leur a raconté que ses voisins se réjouissaient avec elle lorsqu'elle l'avait retrouvé. Il a expliqué clairement pourquoi il se souciait des publicains et des pécheurs lorsqu'il a ajouté : « Je vous le dis, il y a de la joie en présence des anges de Dieu pour un seul pécheur qui se repent . »

Jésus ferait prendre conscience à ces durs gardiens de ce qu'ils appelaient l'Église et contempteurs de leurs frères humains de la paternité de Dieu. Il n'a fait aucun argument du genre de celui que de simples hommes feraient valoir.

Il leur parle des deux fils et de la joie du vieux père lorsque son pauvre enfant prodigue rentra à la maison. La conclusion qu'aucun cœur humain ne peut manquer : le Père infini, infiniment meilleur que n'importe quel père terrestre, est infiniment heureux lorsque ses enfants prodigues reviennent à lui. Le cœur qui s'intéresse une fois à cette histoire des deux fils ne pourra plus jamais trembler et se recroqueviller devant cette horrible conception païenne de Dieu qui fait de lui une terreur infinie, assis sur le trône de l'univers, à craindre, à fuir et à fuir. détesté pour toujours.

Jésus cherchait à encourager les plus découragés et les plus abjects à faire confiance à la justice divine ainsi qu'à la miséricorde. Il n'y a pas de noble argument concernant la justice de Dieu. Il parle de la veuve et du juge injuste, qui ne craignait pas Dieu et ne respectait pas les hommes, le juge qui se vantait d'être sans cœur et s'excusait auprès de lui-même d'avoir semblé faire une bonne action. Il exauce la prière de la veuve parce qu'il était égoïste et méchant ; il ne serait pas « fatigué de ses importunités ». Jésus conclut : « Et Dieu ne vengera-t-il pas ses propres chéris qui crient vers lui jour et nuit ?

Comme Jésus a rendu clair ce que de simples enseignants humains obscurcissent ! Ce que même certains prédicateurs de notre les temps, trop fiers de leur faux savoir pour être simples dans leurs méthodes et leur langage, rendent si fastidieux et si déroutants les âmes affamées qui demandent du pain et obtiennent de la paille !

Nous ne comprendrons pas à quel point la méthode de Jésus est différente des méthodes des simples hommes tant que nous ne nous serons pas lassés de ce qu'ils appellent des raisonnements ; jusqu'à ce que nous comprenions qu'aucun homme ne peut enseigner la religion s'il rejette les méthodes de Jésus parce qu'il pense être les méthodes de ce qu'il appelle la logique et la philosophie, sans vraiment comprendre ni l'une ni l'autre.

Ce que nous pouvons appeler ses manières, par opposition à sa méthode d'enseignement, différencie Jésus des simples hommes. Aucun grand enseignant, à moins que ce ne soit quelqu'un qui ait appris de lui le véritable secret de l'enseignement — et combien loin au-dessous de l'Instructeur tombent les meilleurs et les plus sages ! — n'a jamais été avant ou depuis la manière de Jésus.

Il y a une sorte de fatalité dans l'enseignement des hommes. La vanité ou l'ignorance les fait chercher à paraître profonds alors qu'ils ne sont qu'obscurs. Quel soulagement et quelle bénédiction indescriptibles cela apporterait à toutes les églises et écoles si les pasteurs et les enseignants étudiaient seulement la méthode de Jésus et cherchaient à imiter la simplicité de Jésus ! Les enseignants, nombreux, chargent et désorientent leurs élèves avec le fardeau mort de l'apprentissage qui n'est pas la connaissance ; les prédicateurs, nombreux, mystifient et induisent en erreur leurs auditeurs avec des raisonnements, des philosophies et des argumentations, de simples guerres de mots pour la plupart, qui ne sont ni l'évangile ni la vie. Lorsque Jésus parlait des questions les plus profondes et les plus élevées, de Dieu et de l'homme, du bien et du mal, de la vie et de la mort, du temps et de l'éternité, du ciel et de l'enfer, il est dit : « Les gens ordinaires l'écoutaient avec joie. » On ne pourrait jamais en dire autant du bon Socrate ou du grand Platon ; car les « gens ordinaires » ne pouvaient pas les comprendre.

Il est en effet rare que les « gens du commun » entendent « volontiers » un professeur de sciences, de philosophie ou de religion que les gens du commun qualifient de grand. En règle générale, plus l'homme est grand, plus les hommes mesurent la grandeur, moins les « gens ordinaires » l'entendent « avec plaisir », et encore moins lorsqu'il parle ou écrit sur le plus grand des thèmes. Est-ce parce que ces enseignants ne sont pas eux-mêmes les frères du peuple ? L'une des raisons est que les grands hommes ne comprennent pas vraiment ce qu'ils enseignent. Et c'est là une raison d'être patient.

Peut-être que, pour la plupart, les plus grands font de leur mieux. Il semble que lorsqu'un simple homme cherche à penser profondément ou à parler avec force, il doit tomber dans l'obscurité. Cette obscurité ne peut être due à une difficulté inhérente à la vérité elle-même. mais à ces limitations, mentales et spirituelles, qui appartiennent aux simples enseignants humains. Mais Jésus a enseigné les plus grandes vérités dans un langage aussi simple et clair que lorsqu'il parlait des devoirs les plus familiers de la vie quotidienne. Son attitude est aussi facile et ses paroles aussi claires lorsqu'il parle de l'immortalité que lorsqu'il dit aux hommes d'être honnêtes et de « s'aimer les uns les autres ».

Comparez le Sermon sur la Montagne et les écrits des plus grands et des meilleurs hommes qui ont discuté de ces thèmes. Comme les manières et le style de Jésus sont parfaitement simples, transparents et faciles ! Comme les manières et le style des hommes sont complexes, sombres et difficiles ! Comme cela devrait faire honte aux simples hommes de les amener à une douce simplicité lorsqu'ils lisent à propos de Jésus, le divin Maître : « Les gens ordinaires l'écoutaient avec joie !

Après tout, il se peut que notre méthode de pensée soit aussi inadaptée à la compréhension de l'Évangile que notre méthode d'enseignement l'est à l'exposer. Il se peut que si nous nous préoccupions moins de ce que les hommes ont écrit de ses paroles – en essayant trop souvent d'interpréter ses enseignements comme de minces philosophies – ; si nous réfléchissions davantage à ses paroles et moins aux conceptions que les hommes ont de ses paroles, nous comprendrions mieux Jésus. Nous pourrions alors aussi enseigner aux gens. Il se peut alors que les « gens ordinaires » nous entendent « avec plaisir ». Si nous prêchions son « texte » davantage et des livres sur son « texte », moins nous prêcherions plus de vérité qui sauve et moins de philosophie qui déroute.

En parlant de la méthode et de la manière de Jésus, il y a une autre question, difficile à discuter, qu'il convient de mentionner ; Je fais référence à l'effet sur lui-même de ses pensées et de ses paroles.

Il y a en lui un calme divin jamais vu chez de simples hommes ; cela leur est impossible. En cela aussi, il se distingue des hommes.

Ses plus grands discours sont sans chaleur intellectuelle. C'est très merveilleux pour moi. Il se révèle être l'enseignant au cœur le plus tendre qui ait jamais cherché à conduire les hommes des ténèbres vers la lumière. Nous savons qu'il n'a pas froid au cœur ; nous savons quelle est sa compassion pour les hommes ; combien son souci pour eux est infini. Mais il livre les vérités les plus formidables avec le sang-froid et l'équilibre d'esprit les plus parfaits. Si un simple homme voyait clairement pour la première fois ce que signifient réellement le Sermon sur la montagne, le troisième chapitre de Jean, la parabole de l'enfant prodigue et une vingtaine d'autres discours et révélations similaires ; Si un simple homme devait, pour ainsi dire, tomber soudainement sur de telles pensées, de telles conceptions, si vastes, si profondes et si élevées, cela le déséquilibrerait. Son cerveau serait en feu et son cœur se briserait d'une sainte excitation. Mais Jésus dit ces vérités avec un calme parfait ; ce n'étaient pas des pensées nouvelles pour lui ; il n'y avait aucun effort pour les saisir ou les exprimer. Pourtant Jésus était plein de sympathie. Il pleura avec les sœurs sur la tombe de Lazare et déplora le sort de Jérusalem avec des sanglots et des larmes.

Vous avez lu une histoire de Sir Isaac Newton qui, qu'elle soit historiquement vraie ou fausse, illustre bien, car il ressemble beaucoup à un homme, ce qui est ici porté à votre attention, comme montrant en quoi Jésus diffère d'un simple homme. Lorsque Sir Isaac eut presque terminé ses études approfondies et prolongées des lois qui régissent le mouvement des corps célestes, et qu'il fut assez proche de la fin de ses grands calculs mathématiques pour en prévoir le résultat et se rendre compte qu'il justifierait ses sublimes spéculations. Concernant la loi régissant l'univers matériel, il est devenu si excité – philosophe froid et entraîné à la maîtrise de soi comme il l'était – qu'il n'a pas pu achever les processus simples impliqués dans sa formule. Il fallut faire appel à un ami pour achever le travail facile pour lui ; pour le moment, le grand astronome était déséquilibré.

La manière de Sir Isaac était exactement celle d'un simple homme ; les grands inventeurs sont devenus fous alors qu'ils étaient à un pas du triomphe.

Mais Jésus était calme lorsqu'il parlait, de la manière la plus simple, des plus grandes vérités de la vie et des événements les plus prodigieux qui attendent l'éternité pour se dévoiler.

Il n'est pas étonnant que ceux qui, un jour, furent envoyés pour mettre la main sur lui, n'eurent que cette réponse lorsqu'ils retournèrent sans lui chez leurs maîtres : « Jamais homme n'a parlé comme cet homme. »

CHAPITRE IX.
LE FILS DE L'HOMME ET DU PÉCHÉ.

LORSQUE nous comparons l'œuvre que Jésus proposait de faire dans le monde avec les projets des plus grands êtres de la terre , nous ne pouvons pas le classer parmi les simples hommes.

Pour quelle raison pensait-il être venu au monde ? Quelle était selon lui sa mission ?

Nous ne pouvons pas avoir le moindre doute sur la réponse ; il n'y avait aucune confusion dans sa pensée, aucune ambiguïté dans ses paroles. Si nous demandons quelle était la mission de Jésus, nous trouverons facilement la réponse — sans précédent dans la pensée, absolument unique, prodigieuse, mais aussi indubitable dans le sens que simple dans la forme de l'expression.

Nous répondrons dans ses propres mots : « Le Fils de l'homme est venu chercher et sauver ce qui est perdu. » « Je ne suis pas venu appeler les justes, mais les pécheurs à la repentance. » « Dieu n'a pas envoyé son Fils dans le monde pour condamner le monde, mais pour que le monde soit sauvé par lui. » "Je ne suis pas venu pour juger le monde, mais pour sauver le monde." Avec plus de force, si possible, que dans ses paroles, sa conception de son la mission est démontrée par son travail, sa vie et sa mort. Saint Luc, dans les Actes des Apôtres, nous raconte dans une simple déclaration toute l'histoire ; c'est, en un vers, la biographie de l'homme-Dieu : « Il allait de lieu en lieu en faisant le bien ».

Le fait que Jésus ait vu dans le monde un mal auquel il fallait remédier, qu'il ait essayé de remédier au mal qu'il a vu, ne le distingue pas, en soi, des hommes bons et sages qui ont observé les faits de la vie humaine et ont déploré les misères humaines. Tous les grands enseignants et réformateurs ont reconnu le mal dans le monde, et beaucoup d'entre eux ont clairement reconnu ce mal comme un mal moral. La doctrine de Jésus est particulière en cela ; tout le mal qui existe dans le monde est un mal moral, et tout mal moral est, à sa racine, le péché, et le péché, considéré comme une qualité du caractère de l'homme, est un état d'être qui n'est pas en harmonie avec Dieu ; considérée comme un fait, c'est une vie en violation de la loi de Dieu. Le méchant est, dans son esprit, en inimitié avec Dieu ; dans sa vie, il enfreint la loi de Dieu. Il aime le mal parce que le mal est en lui ; sa vie est mauvaise parce que son cœur est mauvais.

Et Jésus vient pour ôter le péché ; pour en délivrer les hommes, de son châtiment et de sa puissance. L'ange dit à Marie : « Tu lui donneras le nom de Jésus, car il sauvera son peuple de ses péchés. »

Aux yeux de Jésus, le péché est le seul mal ; délivrance du péché est la délivrance de tout mal ; c'est le salut. Il a considéré le péché comme la racine de tout mal possible ; il ne reconnaissait aucun mal dans la situation de l'homme, comme si son mal sortait du destin ou était d'une manière ou d'une autre invincible par lui ; tout cela n'est que péché.

C'est pourquoi Jésus ne cherche pas à améliorer la situation de l'homme, par un effort direct améliorant les conditions de vie sanitaires, économiques, politiques ou sociales ; il travaille sur l'homme lui-même. Tout ce qui améliore la condition de l'homme est, dans la doctrine de Jésus, à désirer ; mais cela ne suffit pas à mettre l'homme à l'aise ; il doit être guéri. Il enseigne que tout ce qui est vraiment bon et nécessaire viendra aux hommes délivrés du péché, et qu'aucun bien réel ne peut arriver à celui dont le péché demeure en lui. Premièrement, et enfin, tout le temps, Jésus fait de la délivrance du péché la seule chose nécessaire : le bien principal.

Quelle que soit son attitude, il ne discute pas à ce sujet ; il énonce sa doctrine de manière positive, « avec autorité », comme s'il connaissait toute la vérité de l'affaire. Il n'y a pas de qualificatif pour adoucir ses propos et laisser place au recul face à d'éventuelles erreurs.

Il a enseigné et illustré sa doctrine de toutes les manières possibles. C'est dans ses discours les plus formels, ses plus brefs commentaires sur les hommes et les choses, ses conversations les plus occasionnelles et ses remarques les plus fortuites. Sa doctrine réside dans tous ses efforts pour faire du bien aux hommes, comme dans chaque avertissement et chaque promesse.

Et il n'y a jamais l'ombre d'un doute, ni un soupçon d'hésitation. De sa première parole à la dernière, des béatitudes à la prière sur la croix, c'est toujours la même chose ; le problème de l'homme réside dans son péché ; son seul salut est la délivrance du péché.

Cela ressort de la manière la plus fortuite. Lorsque Madeleine pénitente se lava les pieds avec ses larmes, à la table de Simon, celui-ci ne dit pas un mot de sa position sociale perdue ni de sa possible restauration. Il a dit : « Tes péchés sont pardonnés ; ta foi t'a sauvé; vas en paix."

Lorsque les quatre amis aimables et aimants de Capernaüm, dont nous aimerions connaître les noms, eurent amené leur voisin paralysé dans la maison de Pierre et l'eurent finalement, avec beaucoup de peine, à travers le toit brisé, le déposèrent aux pieds de Jésus, le les premiers mots ne concernaient pas la paralysie et la guérison, mais le péché et le salut : « Fils, tes péchés te sont pardonnés. » C'est ce que signifie l'histoire du publicain pénitent, criant : « Que Dieu ait pitié de moi, pécheur »,. C'est ce que signifie l'histoire de l'enfant prodigue ; c'est ce que signifient toute la vie et l'enseignement de Jésus.

Il faut remarquer en particulier que la simple conception d'une incarnation divine n'est pas propre au histoire de Jésus. La notion d'incarnation, l'idée des dieux prenant une forme de chair et se manifestant aux hommes, est présente dans les traditions de presque toutes les nations. On a dit, hâtivement, je crois, qu'il existe des races, du moins certaines tribus, si peu développées qu'elles n'ont aucune idée de Dieu. Il est facile de se tromper en pareille matière ; il est difficile pour un homme cultivé de découvrir ce qu'un sauvage pense réellement sur un sujet quelconque, et encore moins sur sa religion. La difficulté linguistique constitue peut-être le moindre obstacle à la compréhension dans un tel cas ; les différences entre les hommes ne se mesurent pas uniquement par des différences de langage. Il est certain que la conception de Dieu existe, sous une forme ou une autre, dans la plupart des nations. Je crois que c'est dans tout. Et dans chaque nation, il existe une sorte de notion de manifestation divine.

La tentative de représenter les dieux en pierre, en métal, en bois, ou même dans des dessins et des peintures grossiers, survient après qu'une croyance traditionnelle a longtemps tenu sa place dans la pensée des hommes quant à leur manifestation sous une forme visible et tangible.

Ce n'est pas toujours une forme humaine ; ce n'est généralement pas une forme humaine, sauf dans la mesure où elle fait partie de la conception : comme dans le Bélus à tête d'aigle de Babylone, comme dans les taureaux ailés, à tête d'homme et aux pieds de lion, que Layard a trouvés dans les ruines de Ninive. Ces images composites représentaient des idées du des dieux, pas des faits les concernant. Ainsi l'image trouvée dans les ruines de Ninive représentait la force, la rapidité, le courage, l'intelligence. Mais les idées exprimées sous ces formes étranges et grotesques sont issues des traditions de manifestation divine, d'incarnation.

Toutes les mythologies nous parlent d'incarnations ; mais l'idée de l'incarnation divine dans l'histoire des évangélistes diffère, non pas par certains incidents, mais par tous les éléments essentiels, de tous les autres. Un fait unique, comme cela a été souligné jusqu'à présent, dans un contexte différent, est que Jésus était simplement un homme qui, quant à son apparence, n'avait absolument rien de particulier. Ni la stature, ni la beauté, ni la rapidité, ni la force ne sont attribuées à Jésus.

On pourrait parler des limites qui accompagnent d'autres conceptions des dieux incarnés. Ils sont spécialisés par race et localisés par pays. Cette pensée a été illustrée ailleurs. Il se peut qu'il réponde maintenant simplement pour vous rappeler que Vishnu est hindoustané , Isis et Osiris égyptiens, Odin et Thor scandinaves. Aucun d'eux n'a de relations avec l'ensemble du genre humain. Mais Jésus, qui se dit « Fils de l'homme », est de tous et appartient à tous.

Mais la différence la plus notable à considérer maintenant, celle qui seule mettrait Jésus à part tous les autres, qu'il s'agisse d'hommes ou de dieux légendaires, c'est en fin de compte qu'il se propose d'accomplir. Les dieux se sont incarnés et sont apparus aux hommes, ou ont habité parmi eux, pour faire des choses nombreuses et très différentes ; Jésus de faire juste une chose et de faire ce qu'aucun autre n'a jamais proposé de faire, ni même pensé à faire. Lui, « le Fils de l'homme », était de tous et pour tous, et il propose une fin qui concerne tous. Le mal qu'il voudrait supprimer de tous n'est pas un problème hébreu ; c'est dans la race humaine.

C'est plus clair en comparaison. Vishnu, le dieu suprême de la mythologie hindoustanie , a condescendu, nous disent les vieilles histoires, à des incarnations presque innombrables. Mais dans quel but ? Toujours travailler quelques prodiges ; faire des choses étranges sur le plan de la vie des hommes ; faire des choses qui affectent la situation des hommes, pas leur caractère. Il vient faire quelque chose dans une sphère limitée ; quelque chose pour son peuple, le peuple hindoustané , pas pour toute la race humaine. Vishnu, lorsqu'il vient en miséricorde, vient remédier aux conditions extérieures ; il délivre de la peste, de la famine, des bêtes sauvages, des serpents venimeux. Quand il entre en colère, c'est pour écraser ses ennemis.

Dans la mythologie, la conception même que les hommes avaient de la venue des dieux découlait de leur situation. Ainsi, en Inde, la conception même du mal était déterminé par des conditions particulières à l'Inde. Avec eux, le mal est sorti des jungles où la peste se reproduisait, où les serpents abondaient et où de féroces tigres mangeurs d'hommes se cachaient et attendaient leur proie. Elle était déterminée par les conditions de vie particulières aux populations denses, soumises aux fléaux qui suivent la guerre et aux mauvaises conditions naturelles : peste et famine.

Le mal envisagé par Jésus n'était propre à aucun peuple ni à aucun pays ; il n'est pas né de conditions naturelles ; c'était dans l'homme lui-même, et c'était le péché.

Chez les nations guerrières, les dieux descendaient pour prendre part aux affaires purement nationales ; ils livraient les batailles de leurs amis et punissaient leurs ennemis. Votre Homère vous raconte tout cela dans le récit du siège de Troie. Virgile vous dit la même chose ; vos auteurs classiques en regorgent. Les pauvres Indiens et les tribus nègres parlent de telles incarnations.

C'est cette conception très humaine de l'incarnation divine qui remplissait l'imagination nationale et soutenait les espoirs nationaux avant la venue de

Jésus. Une telle incarnation à laquelle ils aspiraient lorsqu'ils l'ont rejeté parce qu'ils ne pouvaient pas l'utiliser à leurs fins ; c'est une conception qui persiste encore aujourd'hui dans la pensée et l'espoir hébreux. Ils cherchèrent et prièrent pour un roi-guerrier divin qui diriger leurs armées, restaurer leur nation et lui donner la domination sur le monde.

Quelle idée incroyable que les évangélistes ne nous aient donné que le reflet du sentiment populaire, le fruit des traditions nationales ! Ces sentiments et ces traditions ont été complètement gâtés par le genre d'incarnation que décrivent les évangélistes. La nation était profondément mécontente de la conception que Jésus avait de sa mission envers les hommes ; Avant un roi comme Jésus, ils préféraient le César qu'ils haïssaient ; ils ont mis à mort celui qui cherchait à les sauver de leurs péchés uniquement parce qu'il les avait déçus dans leurs ambitions patriotiques.

D'une manière générale, les dieux des nations, lorsqu'ils s'incarnent, viennent accomplir une sorte d'œuvre d'homme. Ils travaillent sur l'extérieur de la vie ; ils cherchent à délivrer l'homme des maux extérieurs et à améliorer ses conditions extérieures. Les « douze travaux d'Hercule » nous disent ce que les hommes pensaient avoir besoin d'un homme divin pour faire ; les évangélistes nous disent ce que l'Homme divin pensait que les hommes avaient besoin de faire. Lorsque les dieux de la mythologie s'incarnent, ils travaillent dans le domaine des circonstances ; Jésus ne parle que de l'homme lui-même, de son cœur, de son caractère, et ne cherche qu'à le rendre bon.

Voici donc la différence essentielle : son conception du mal, et en arrière-plan, bien sûr, sa conception de l'homme lui-même.

Comme nous l'avons vu, dans la pensée de Jésus, le mal et le bien, les malheurs et les bénédictions de l'humanité sont dans l'homme lui-même ; ils ne sont pas dans les externes, mais dans les internes ; non pas dans les circonstances, mais dans le caractère. Jésus ne s'attarde donc pas sur la pauvreté ou la richesse, la maladie ou la santé, les ennemis ou les amis, le mépris ou la faveur, la servitude ou la liberté, la mort prématurée ou la longue vie. Il ne se soucie d'aucune circonstance qui détermine simplement la vie extérieure de l'homme ; il se soucie de l'homme lui-même. S'il existe un bien réel ou un mal réel, le bien et le mal sont à l'intérieur et non à l'extérieur de l'homme.

Notons également que Jésus ne place jamais le mal moral de l'homme, qui est le seul mal qu'il reconnaît, dans la simple ignorance de la vérité, comme si l'instruction et le simple changement des opinions de l'homme pouvaient remédier au mal ; il le place toujours dans ce quelque chose qui éloigne l'amour de l'homme de Dieu, ce quelque chose que Jésus appelle péché, ce quelque chose qui est péché parce qu'il s'oppose à la pure volonté de Dieu. Et Jésus enseigne que la constitution même de la nature de l'homme est telle qu'aucune amélioration de ses conditions extérieures ne peut lui apporter une quelconque aide réelle ; que tant que l'homme n'est pas en harmonie avec Dieu, il ne peut y avoir pour lui, ni dans ce monde ni dans l'autre, de véritable bien. C'est ce qu'il voulait dire dans la question qui fait que l'homme l'emporte sur le monde : « Quel profit aura-t-il à un homme s'il gagne le monde entier et perd sa propre âme ? »

Jésus s'est donné beaucoup de mal pour enseigner aux hommes que leur véritable mal et leur véritable bien étaient en eux-mêmes, et non dans leurs circonstances. Il a utilisé presque toutes les formes de discours pour leur apprendre à considérer l'homme comme un homme et non comme le jeu des circonstances.

Pour la pauvreté, Jésus ne s'en souciait pas ; il n'avait aucun respect pour la richesse. L'histoire du constructeur de grange nous livre son jugement solennel sur un homme qui a obtenu un très grand succès dans le monde ; qui était ce que la plupart des hommes aspirent et s'efforcent d'être : riche et grand. Mais c'était un homme en désaccord avec Dieu – riche en bourse, en faillite d'âme. Jésus, face à toutes les opinions humaines, traite clairement un tel homme de « fou ».

Le drame de l'homme riche et de Lazare éclaire la lumière des deux mondes sur la question du principal et unique bien de l'homme et souligne, par le désespoir du prince en enfer, son verdict sur le cas de la grange prospère et satisfaite de lui-même. bâtisseur, dans les pensées et les projets duquel ni sa propre âme ni le Dieu qui l'a créé n'avaient de place.

Toujours, qu'il s'agisse de son travail personnel ou qu'il instruise ses disciples quant à leur travail, Jésus cherche à améliorer les hommes, pas leurs conditions. Il ne se souciait pas des conditions, sauf dans la mesure où elles liaient les hommes à des influences qui les rendaient bons ou mauvais ; il ne s'occupait que des hommes. C'est pourquoi il mettait toujours l'accent sur le caractère et rien d'autre.

Le caractère, dans l'enseignement de Jésus, est tout ; c'est à la fois un test et une mesure de ce qu'est un homme, et il n'y a aucun autre test ou mesure dont l'homme devrait se soucier, et dont Dieu se soucie.

L'étonnement de Nicodème, confortable et cultivé, nous montre que ces idées de Jésus n'ont pas été empruntées aux hommes de son temps et de sa race.

Pour résumer ce qui est présenté ici quant à la conception que Jésus avait de sa mission envers les hommes, une conception aussi unique que son propre caractère : une seule chose qu'il détestait et cherchait à détruire : le péché ; une seule chose qu'il aimait pour l'homme et qu'il cherchait à lui accorder : la bonté.

Une seule chose que ses vrais disciples détestent : le péché ; une seule chose vaut la peine de lutter, de vivre et de mourir : la bonté : qui est un autre nom pour la ressemblance avec Christ.

CHAPITRE X.
LA MAGNITUDE DE LA FIN IL A PROPOSÉ ET OBTENU.

CONSIDÉRONS maintenant brièvement l'ampleur de l'œuvre que Jésus proposait d'accomplir pour mettre fin à sa mission auprès des hommes.

C'est le plus banal des lieux communs de dire que l'œuvre que Jésus s'est proposé d'accomplir transcende tous les rêves de l'imagination la plus audacieuse.

C'est une profonde offense qu'un jour, à Sainte-Hélène, Napoléon ait comparé l'œuvre que Jésus se proposait de faire avec les rêves que lui, Alexandre et Jules César s'étaient laissés aller à des conquêtes qui changeraient le monde. Ce n'est pas étonnant que des hommes égoïstes, ambitieux et doués aient rêvé de conquérir ce que nous appelons le monde par la force. César , Alexandre, Mahomet, Napoléon, même le pauvre El Mahdi sauvage du désert, peuvent rêver de tels rêves. Mais que sont de tels rêves quand nous pensons à Jésus et à l'œuvre qu'il s'est proposé de faire et qu'il s'est fixé ?

Nous n'aimons pas penser aux rêves d'ambition les plus élevés qui aient jamais osé ou planifié un projet de conquête mondiale, lorsque nous écoutons à Jésus concernant sa mission envers les hommes. Jésus parle de la conquête de toutes les nations, non pas telles qu'elles existaient alors, mais de toutes les nations pour tous les temps. Ce n'est rien de moins et rien d'autre que la recréation morale et spirituelle du genre humain, la conquête absolue de l'amour du cœur des hommes pour le temps et l'éternité.

Dites ce que les hommes peuvent dire de Jésus, cela valait la peine de mourir, dans la honte et l'agonie, sur une croix romaine pour avoir eu de telles pensées, ne serait-ce qu'un instant. Aucun simple homme n'a jamais eu de telles pensées, n'a pu engendrer de telles pensées, ni les tenir longtemps à sa portée. La fin que Jésus s'est proposée est aussi bien au-dessus des pensées les plus nobles des hommes les plus nobles que les splendeurs du ciel de minuit sont au-dessus du scintillement bon marché d'un magasin de jouets.

L'idée de sauver une race était aussi extra-humaine et surhumaine que l'idée de l'univers ; Le salut d'une race, le salut d'un seul homme, sont aussi loin du pouvoir de l'homme que la création elle-même.

Nous ne pouvons pas saisir la conception que Jésus avait de l'œuvre qu'il est venu accomplir ; cela nous donne le vertige quand nous le contemplons avec attention ; c'est comme essayer de se rendre compte des distances des étoiles fixes. Sa splendeur nous aveugle ; c'est comme regarder le soleil sans nuages.

Personne, quelle que soit son opinion sur Jésus ou son attitude à son égard, ne peut remettre en question le fait qu'il croyait absolument dans la réussite de l'œuvre qu'il se proposait d'accomplir. Ses projets embrassent la race humaine tout entière et exigent l'éternité pour se réaliser, mais il parle de ces choses prodigieuses avec la parfaite assurance et la simplicité d'un petit enfant : « Et moi, si je suis élevé, j'attirerai tous les hommes à moi. »

Il est _was_difficile de dire ce qui est le plus différent d'un simple homme : le caractère du travail qu'il se propose d'accomplir, l'ampleur de celui-ci, le zèle sans hâte avec lequel il l'a entrepris, ou sa confiance absolue, son calme et sa simplicité dans sa manière de raconter. les hommes à ce sujet.

Il est impossible d'écrire dignement sur un tel thème. Essayons, ne serait-ce qu'un instant, de voir à quel point tout cela est différent d'un simple homme.

Jésus considère les sources de la misère de l'homme et la nature de son remède. Tout est ouvert, clair et certain pour ses pensées. Il n'a aucun doute qu'il est allé à la racine du sujet et qu'il sait absolument tout. Ce qui a déconcerté tous les penseurs humains, c'est la lumière du soleil sur sa vision. Lorsque l'homme le plus fort et le meilleur essaie de pénétrer dans les profondeurs de la nature et de la misère de l'homme, il travaille dur et respire fort, comme un plongeur dans sa cotte de mailles au fond de la mer. Lorsqu'un homme tente de dire ce qu'il croit voir dans les ombres auxquelles il ne peut échapper, en méditant ces thèmes difficiles et pour lui impossibles, il a un dur travail de mots ; l'énoncé est lourd et confus. Mais Jésus ne fait aucun effort pour saisir la vérité ; ses pensées lui sont claires et complètes ; son langage simple et clair pour nous. C'est comme ceci : « C'est du cœur que naissent les mauvaises pensées. » Par conséquent, il doit y avoir non seulement une réforme, mais aussi un changement. « Vous devez naître de nouveau », est son premier mot à Nicodème et à tous ceux qui viennent à lui.

Il y a une autre pensée à considérer à ce stade en prenant note des caractéristiques qui différencient Jésus des hommes. Un simple homme découvrant dans ses réflexions les profondeurs abyssales de la maladie spirituelle de l'homme, un simple homme comprenant clairement, comme aucun homme n'a encore compris, le mal du péché, serait écrasé par le désespoir. Beaucoup d'hommes bons, ne voyant que peu de chemin dans ces ténèbres, ont été rendus fous par ce qu'ils ont vu. Là où il ne s'agit pas de sentiment morbide ou de jeu philosophique, c'est là l'origine du pessimisme.

Il n'y a rien de tout cela en Jésus. Il a tout vu ; ses profondeurs les plus profondes étaient ouvertes à ses yeux ; mais il affronte les ennuis avec un calme infini. Il annonce un remède adéquat au mal. Il s'adresse à une race fatiguée et frappée par le péché : « Venez à moi, vous tous qui êtes fatigués et chargés, et je le ferai. te donner du repos. Prenez mon joug sur vous et apprenez de moi ; car je suis doux et humble de cœur ; et vous trouverez du repos pour vos âmes. Car mon joug est doux et mon fardeau est léger.

Et c'est ce qu'il offre à un monde pécheur et troublé. Il dit qu'il changera les hommes, les rendra nouveaux et bons, les rétablira.

Mais il n'y a pas d'airs fous, communs aux rêveurs et aux passionnés. Aucun simple homme ne pourrait avoir de telles pensées et dire sincèrement de telles choses sans folie. Mais il n'y a jamais eu d'équilibre mental et spirituel aussi parfait que celui que nous voyons clairement en Jésus. Il parle de la conquête morale de la race entière ; il demande l'amour parfait des hommes, afin de les sauver de tout mal en les sauvant de leurs péchés ; il parle de son travail comme comprenant le temps et l'éternité ; il offre aux fidèles l'immortalité et la vie éternelle. Et son calme d'esprit est absolu ; sa simplicité de manière est parfaite.

CHAPITRE XI.
JAMAIS HOMME N'A PRÉVU COMME CET HOMME.

QUE dire des moyens que Jésus se propose d'utiliser pour accomplir ses fins vastes et inouïes ?

Je dis largement, et avec une certaine assurance, que Jésus ne propose aucun des moyens que de simples hommes utiliseraient ; du genre qu'ils ont toujours utilisé. Ses plans et ses méthodes sont totalement différents de ceux des hommes, sauf dans la mesure où ils ont appris très imparfaitement de lui dans leurs efforts humbles et sérieux pour faire sa volonté. Il n'aura aucune confiance dans les méthodes auxquelles les simples hommes font confiance – dans lesquelles ils ont toujours confiance – il n'en aura aucune.

Jésus exclut totalement la simple force. Son symbole n'est pas une épée ; c'est une croix. Il a dit : « Celui qui prend l'épée périra par l'épée. »

Certains penseurs faibles ou hommes peu sincères ont essayé d'attribuer au christianisme la culpabilité de cruautés barbares et de nombreux actes méchants et horribles, perpétrés par des hommes ignorants ou méchants au saint nom du Christ. Des hommes méchants, dans les ténèbres de l'ignorance et dans la malignité du péché, ont utilisé son nom pour forcer leurs frères à réfléchir selon leurs pensées. Le La poursuite de Galilée était une mauvaise pensée et une mauvaise méthode d'hommes méchants et ignorants. Mais Jésus ne tolère ni la force dans l'exercice de son œuvre, ni la persécution de quelque nature que ce soit.

Un jour, deux de ses disciples, Jean et Jacques, furent offensés parce qu'un village samaritain n'offrait pas l'hospitalité à Jésus et à ses amis. Alors les frères dirent : « Seigneur, veux-tu que nous ordonnions au feu de descendre du ciel et de les consumer ? » C'étaient des hommes et leur méthode était purement humaine. Ce que Jésus leur a dit, il le dit à tous : « Mais il se retourna et les réprimanda, et dit : Vous ne savez de quel esprit vous êtes animés. »

Imputer au christianisme les mauvaises actions de ceux qui ont violé les enseignements de son fondateur, c'est comme imputer à la médecine la mort d'hommes qui, au nom de la médecine, ont été trafiqués jusqu'à leur mort par des imposteurs.

La Force ne pouvait accomplir aucun de ses travaux ; c'était l'amour de l'homme qu'il recherchait ; et l'amour ne peut être forcé par Dieu ou par l'homme. L'amour meurt sous la force. Les Césars usent de force ; c'est une manière d'homme. Le Dieu-homme utilise l'amour.

Jésus ne fait pas confiance au pouvoir d'achat de la richesse, ni à l'argent, son représentant. Il ne parlait guère d'argent, sauf pour en montrer le danger. L'amour de l'argent qu'il dénonçait. Il a enseigné cela l'avidité de l'argent est avilissante. Arriver au paradis, pour un homme riche, c'est comme si un chameau passait par le trou d'une aiguille, mais « en plus dur ». Le seul homme riche qui s'était porté volontaire pour devenir disciple s'est détourné avec tristesse lorsqu'on lui a demandé de vendre ses domaines et d'en donner les bénéfices aux pauvres. Jésus avertit ses disciples avec une véhémence gracieuse de la folie et du danger d'amasser des trésors sur terre. Personnellement, il ne se préoccupait pas de la richesse, sauf pour avertir ses disciples des terribles dangers spirituels qui se cachent dans la richesse. Il ne fournit aucun trésor pour poursuivre son travail. Il a enseigné que l'amour de l'argent est la source de plus de maux moraux que toute autre chose au monde.

C'est une manière masculine de soudoyer et d'acheter les faveurs et le succès. Satan croit absolument au pouvoir de l'argent. Le diable a offert à Jésus lui-même la soumission du monde s'il voulait seulement lui prêter allégeance.

Les hommes de notre temps ne croiront pas ce que dit Jésus sur ces sujets, et leur prompt rejet de sa doctrine est une preuve suffisante qu'en rejetant de ses plans le pouvoir de l'argent pour acheter de l'influence, il n'a pas planifié comme un homme. Pour l'argent, en tant qu'argent, Jésus n'éprouvait que du mépris. Il a enseigné que la richesse détenue pour elle-même, ou utilisée uniquement à des fins égoïstes, montre que son propriétaire est un « imbécile » ; qu'il dégrade et damne à la fois. Selon lui, cela peut d'une certaine manière ne soyez même honorable que d'être riche, c'est-à-dire d'utiliser les richesses de manière désintéressée et utile. Même alors, c'est dangereux.

À son époque, comme aujourd'hui, les hommes du monde injuriaient sa doctrine ; « Les pharisiens, qui étaient cupides, se moquaient de lui. »

Car les enseignements de Jésus concernant l'argent et ses justes usages, peu de gens, même parmi ceux qui prétendent être ses disciples et amis, ont un respect parfait. Il leur semble « visionnaire » dans ses vues, et ses paroles semblent « peu professionnelles ». Un homme se dit : « Jésus dit que l'argent est dangereux pour mon âme ; il me dit que je ne suis qu'un intendant qui détient de l'argent en fiducie et que je dois le donner à ceux qui en ont besoin. Je ne peux pas poursuivre mes activités selon son plan ; Je vais risquer mon plan.

Un tel homme ne croit pas ce que Jésus enseigne ; à moins que l'on doive nuancer la déclaration jusqu'à dire — à moins que l'or ne lui ait tellement aveuglé les yeux qu'il ne comprenne pas ce que signifient réellement les paroles claires du Maître.

De sa méthode Jésus exclut la diplomatie, l'art de monter un égoïsme contre un autre. « Laissez votre communication être, oui, oui ; Non, non ; car tout ce qui est plus que cela vient du mal. Ses disciples doivent en effet être « sages comme des serpents et inoffensifs comme des colombes » ; mais ils doivent vivre la vérité. La tromperie lui est odieuse. Les Talleyrand comprendre et utiliser les arts diplomatiques. La « Conférence de Berlin » est un exemple moderne ; cela illustre la méthode d'un homme. Ce n'est pas nécessairement une mauvaise méthode, mais celle d'un homme .

Considérez une phrase que nous voyons quotidiennement dans les journaux : « L'équilibre des pouvoirs en Europe ». Voyez comment les « grandes puissances » et les petites se livrent à toutes sortes d'intrigues, utilisant des moyens d'État astucieux pour contourner, tromper, contraindre, se défendre ou voler leurs voisins les plus faibles, ou, par une combinaison, réduire les plus forts.

De nombreuses plaintes fondées ont été déposées contre le « métier de prêtre », qui est un métier d'État dans les cercles ecclésiastiques. Ses crimes, commis par des personnes mal informées et mal intentionnées, ont été imputés au christianisme. Aucune accusation ne peut être plus injuste ; c'est aussi injuste que de blâmer Jésus pour la trahison de Judas.

Le métier de prêtre est une invention des hommes ; elle n'a pas plus de place dans les plans de Jésus que l'art d'État ; il ne considère ni l'un ni l'autre, sauf s'il peut les ignorer et les forcer contre leur nature à se mettre à son service, de sorte que la ruse ainsi que la « colère de l'homme le loueront ».

Ce qu'on appelle « Église » n'est pas synonyme de « royaume des cieux ». Les hommes au caractère mondain peuvent, au sein des cercles ecclésiastiques, faire leur propre travail ; ils ne font pas l'œuvre du Christ par les arts diplomatiques.

Jésus non seulement exclut l'appel à toutes les formes d' égoïsme, mais il les contrarie jusqu'à la mort. Son premier et dernier mot, son ultimatum, est : « Si quelqu'un veut être mon disciple, qu'il renonce à lui-même, qu'il prenne sa croix chaque jour et qu'il me suive. » Son premier mot est un défi pour abandonner le bastion de la volonté propre. Tant que la capitulation n'est pas complète, il ne peut y avoir de paix. Un simple homme serait considéré comme fou – et à juste titre – pour parler d'un petit projet visant à améliorer les choses chez lui d'une telle manière – et parce que cela est totalement différent de la manière de faire d'un homme.

Jésus n'offre aucune incitation au simple intérêt personnel. Il ne promet absolument rien des choses que le monde s'efforce et s'efforce d'obtenir. Il ne promet ni plaisir, ni honneur, ni fortune, ni pouvoir, ni santé, ni longue vie. Il dit que Dieu veillera à ce que les vrais chrétiens aient ce qui est bon pour eux. Mais à bien des égards, il montre clairement que « ce qui est bon pour eux » inclut souvent ce que le monde appelle le mal.

Jésus ne semble nulle part penser à ce que les hommes du monde appellent le bien ; les choses pour lesquelles ils s'efforcent et donnent leur temps, leur force et leurs vies pour gagner.

C'est une erreur totale de supposer que Jésus offre la prospérité du monde comme récompense du devoir, comme prime à la piété. Ceux qui tentent de lire ce sens dans les écrits d'un apôtre l'ont mal interprété ; c'est contre tout son enseignement. C'est sans doute vrai, comme le dit Paul : « La piété est utile à toutes choses, ayant la promesse de la vie présente et de celle à venir. » Mais « la promesse de la vie présente » ne peut pas, dans le royaume de Jésus, signifier des choses du monde ; cela signifie la bonté, la paix de Dieu dans l'âme de l'homme, la ressemblance avec Christ dans le cœur de l'homme ici et maintenant. Il ne fait aucun doute que la religion rend le monde meilleur, mais pas parce qu'elle rend l'homme plus riche, mais plus pur.

Si nous croyons en Jésus et en son œuvre dans le monde, nous pouvons, si nous le souhaitons, découvrir ce qu'il voulait dire par ce qui a suivi. Il est vrai que la religion qui rend les hommes bons les retient et les protège des folies et des péchés qui gaspillent l'énergie et gaspillent la fortune ; mais il est tout à fait trompeur et déroutant d'essayer de lire dans les paroles de Jésus l'idée selon laquelle il fait appel à un simple intérêt égoïste en promettant fortune aux bons. C'est comme faire des richesses du monde la récompense de la douceur et de la longue vie la récompense de l'obéissance aux parents.

Certaines personnes très riches ont été profondément religieuses, mais malgré leur richesse. C'est comme Jésus l'a dit : « Tout est possible à Dieu ». C'est lui aussi qui a dit : « Avec quelle difficulté ceux qui ont des richesses entreront-ils dans le royaume de Dieu. » Mais les meilleurs de Christ n'ont pas réussi dans ce monde selon l'argent ou d'autres critères similaires.

Si l'œuvre de Jésus – qui exclut de ses projets la force et la ruse de la diplomatie, qui dénonce tout égoïsme et ignore tout intérêt personnel, qui exige dès le début un abandon absolu de soi – doit demeurer dans le monde, doit réussir , alors il faut aller à contre-courant, et non avec lui.

À un moment donné, Jésus semblait penser que ses auditeurs pourraient peut-être mal le comprendre, et il leur dit clairement que la pauvreté, les troubles, le chagrin et les persécutions dans ce monde les attendaient s'ils le suivaient. Et il leur dit clairement aussi que s'ils voulaient avoir quelque part en lui et avec lui , ils ne devaient reculer devant rien, qu'ils devaient mourir s'il le fallait. Lorsqu'ils l'ont compris, « beaucoup ont renoncé à le suivre ». Et nombreux sont ceux qui rejoignent encore aujourd'hui leur entreprise.

Ce qu'il a dit au jeune dirigeant, il l'a dit à tous ; bien plus, nous dit à tous aujourd'hui : « Les renards ont des trous ; et les oiseaux du ciel ont des nids, mais le Fils de l'homme n'a pas où reposer sa tête. Et nous lui faisons le profond déshonneur de croire qu'il a prononcé des paroles purement sentimentales ! Il ne pouvait que vouloir dire par ses paroles au jeune homme riche : « Viens avec moi et bienvenue ; Je t'aiderai , je te sauverai ; mais pour ce monde, je ne peux rien vous promettre. Lui-même fut toujours un homme pauvre, et sa pauvreté n'était pas un accident de sa manière de vivre. Il n'y a jamais Il n'était pas un homme trop pauvre pour être l'ami de Jésus, mais jamais un homme assez riche pour trouver une faveur particulière aux yeux « célibataires » et « pleins de lumière ».

Jésus n'aurait pas pu offrir la sainteté aux hommes comme leur principal bien, avec les bénédictions du monde comme raison d'être bon ; cela aurait gâché l'Évangile. Il n'a jamais promis que ses disciples seraient dans une meilleure situation que lui dans ce monde. Il leur demanda un jour : « Le serviteur sera-t-il au-dessus de son maître, le disciple au-dessus de son Maître ?

Mais nous expliquons tout cela.

Jésus ne se laissait pas aller aux sentiments lorsqu'il enseignait à ses disciples que le suivre signifiait un renoncement à soi qui braverait toutes choses. Il leur a clairement dit de s'attendre à des persécutions et des tribulations. Et certains se persuadent qu'il ne parlait qu'au nom de ceux qui étaient alors ses disciples ; que de telles idées ne conviennent pas aux époques et aux pays civilisés. Un apôtre, étant un simple homme, pourrait très bien donner son « jugement » sur ce qui convient le mieux à une condition de vie et de société existante ; mais Jésus, qui appartient à tous les temps, ne prononce aucune parole ayant une signification et une importance simplement locales et temporaires.

Il était si certain que des souffrances et des persécutions suivraient la fidélité, que Jésus a donné à ses disciples et à tous ceux qui les succéderaient un test par lequel ils pourraient juger de leur personnalité. fidélité à lui : « Malheur à vous lorsque tous les hommes diront du bien de vous. » Pouvons-nous imaginer que Jésus n'a pas exprimé de telles paroles pour tous les hommes, de tous les temps et de tous les pays ?

Il savait à quel point ses amis auraient besoin de rester fermes et à quel point la pression de la tentation serait effrayante pour le renier.

Il leur dit qu'ils seraient « amenés devant les rois » « à cause de lui » et que « certains d'entre eux seraient tués ». Mais il leur dit de ne pas avoir peur ; ils devaient craindre Dieu et personne d'autre.

Un jour, Jésus exhortait ses disciples à être fidèles et courageux en proclamant toute sa vérité au monde, et ainsi il les encourageait et les exhortait : « Et je vous le dis, mes amis, n'ayez pas peur de ceux qui tuent le corps, et après cela, ils n'ont plus rien à faire. Mais je vous avertirai de qui vous aurez peur : craignez celui qui, après avoir tué, a le pouvoir de jeter en enfer : oui, je vous le dis, craignez-le.

Au lieu de faire confiance à _self-interest_Jésus, il exige sa crucifixion. Lorsqu'il dit : « Si quelqu'un veut être mon disciple, qu'il renonce à lui-même, qu'il prenne sa croix chaque jour et qu'il me suive » ; quand il exige le renoncement absolu à soi-même ; quand il dit qu'aucun intérêt possible dans ce monde, que ce soit les maisons, les terres, le père, la mère, le frère, la sœur, l'enfant, ou femme - doit s'interposer entre lui et ses disciples ; lorsqu'il élève tout seul une croix sur laquelle l'égoïsme doit mourir, il se tient à l'écart de tous les hommes. Sa méthode n'est pas celle d'un homme. Ses plans sont aussi différents de ceux d'un homme que la fin qu'il propose est au-dessus de la pensée d'un homme et différente d'elle.

Si aucun homme n'a jamais parlé comme Jésus, aucun homme n'a jamais planifié comme lui.

En considérant plus en détail certaines choses dans les méthodes que Jésus a adoptées pour accomplir le travail qu'il s'est proposé, nous pouvons mentionner, comme étant différentes de la méthode d'un homme, que Jésus exclut de ses plans pour faire des disciples du monde la confiance dans le simple argument et la force de l'intellect.

Jésus n'a laissé aucune place, et pas des moindres, à la superstition fanatique selon laquelle sa cause doit être avancée par l'ignorance. Sa doctrine fournit toute l'inspiration nécessaire au développement le plus élevé de l'esprit ; et la meilleure œuvre éducative du monde est le fruit des institutions chrétiennes.

Mais Jésus enseigne à ses disciples qu'ils ne doivent pas, pour étendre son royaume, s'appuyer sur l'apprentissage, sur la simple force de l'intellect et de l'argumentation. S'ils faisaient cela, ils échoueraient. C'est ainsi qu'il les a enseignés, et l'histoire nous montre clairement que ses disciples ont échoué lorsqu'ils ont oublié ses enseignements. Hélas! qu'il est si facile de pervertir de grands cadeaux. Il Il semble presque aussi difficile de ne pas se fier aux grands dons du génie, comme de posséder de grandes richesses sans les aimer.

Pour atteindre le but que Jésus avait en vue, il ne pouvait pas compter uniquement sur l'érudition, les dons mentaux et la force d'argumentation. Car le problème essentiel ne vient pas de l'intellect des hommes, mais de leur cœur. Ce n'est pas que les opinions soient si fausses ; c'est que les dispositions sont si éloignées de Dieu. L'homme n'a pas besoin d'une nouvelle opinion, mais d'un nouvel amour. La tâche de Jésus était bien plus difficile que la correction des erreurs ; c'était la conquête des cœurs. L'amour est gratuit; les hommes peuvent être convaincus contre leur gré, mais l'amour y consent.

CHAPITRE XII.
JÉSUS NI THÉOLOGIEN NI ECCLÉSIASTIQUE.

JÉSUS n'a fait aucune des choses qu'un homme ferait s'il se proposait d'établir et de perpétuer une sorte de royaume ou d'école de croyance, même dans ce monde.

Il n'a établi aucune institution dotée de constitutions formelles. Il n'a pas élaboré un code, ni même un système de philosophie morale. Il n'a laissé aucun « institut théologique », avec des définitions précises et des limites exactes. Certains de ses vrais amis ont fait de leur mieux dans un tel travail ; il n'a pas. C'est une voie d'homme ; ce n'était pas le cas.

Il n'a laissé aucun credo formel; il n'a jamais mentionné une telle chose ; il ne semblait pas y penser du tout. C'est tellement une manière humaine de faire de telles choses que nous ne sommes pas encore familiers avec l'idée que Jésus ne l'a pas fait. Beaucoup sont soudainement surpris lorsqu'ils découvrent que Jésus n'a pas dit un mot sur la théologie systématique, qui est pour beaucoup si précieuse. Dans tous ses mots, il ne s'agit pas d'« articles de religion » ; pas la moindre allusion à eux. Il n'a même pas mis en forme une doctrine de sa propre nature et personne. Très souvent et de bien des manières, il parlait de lui-même et de Dieu, ainsi que de sa relation avec le Père éternel, mais il n'en donnait aucune définition. Souvent il parlait de lui-même, du Père et du Saint-Esprit, mais il ne disait pas un mot de « l'union hypostatique » de trois personnes en une seule Divinité ; pas un mot des « relations économiques » de la Sainte Trinité.

Certaines bonnes personnes, si elles ont la chance de lire ce qui est écrit ici, seront si sûres dans leur propre esprit que Jésus a employé certaines des méthodes d'un simple homme, afin de préserver ses enseignements dans le monde, qu'elles soupçonneront l'écrivain de l'irrévérence; du moins d'indifférence, sinon de quelque chose auquel ils pensent moins, dans ce qui est dit des « croyances » et des « théologies ». Ils se tromperont, comme c'est souvent le cas chez eux sur de telles questions ; l'auteur ne fait qu'énoncer des faits que personne ne peut nier quant à ce que Jésus a fait et n'a pas fait. Certaines personnes admirables et bonnes n'ont pas encore compris la différence entre plaider pour leur Église et plaider pour le christianisme ; entre défendre leurs propres notions et exposer les enseignements de Jésus. Et nombreux sont ceux qui confondent leurs notions sur Dieu avec le fait de son existence, tandis que d'autres confondent leur théorie de l'inspiration avec l'autorité divine des Saintes Écritures.

Notre manière d'enseigner est celle d'un homme. Si c'est le mieux que nous puissions faire, soyons contents ; sinon, modifions notre façon de faire.

Mais ne défendons pas notre voie en plaidant son exemple ; suivons notre chemin parce que c'est notre chemin, s'il n'y a pas de meilleure raison. Il est certain que la manière dont Jésus a enseigné et perpétué ses doctrines n'était en aucun cas une manière d'homme.

Jésus n'a écrit aucun livre, pas une ligne. Il n'a fondé aucune école ou autre établissement de formation ; ses trois années de compagnie aimante et minutieuse avec ses disciples constituaient certes une formation, mais ce n'était pas une institution. Cela ne veut pas dire que ses amis ne devraient pas faire de telles choses ; c'est la seule façon qu'ils peuvent faire : mais il n'a pas fait de telles choses.

Il n'a pas même établi une Église ; l'Église est née de sa vie ainsi que de ses enseignements ; il a été compacté par la sympathie d'hommes, de femmes et de petits enfants partageant des croyances et des espoirs communs ; surtout par la sympathie née d'un amour commun pour lui, bien plus, alors comme aujourd'hui, que par ce qu'ils comprenaient ou croyaient de ses enseignements. Il n'a laissé au gouvernement de l'Église « aucune règle d'ordre », aucun livre de « discipline ». Il n'a ordonné aucune forme de gouvernement de l'Église, « avec freins et contrepoids », quoi qu'il en soit. Toutes ces choses peuvent être bonnes, et l'ordre au sein du gouvernement est nécessaire; mais il ne les a pas fournis. Il a laissé toutes ces choses au bon sens et au meilleur jugement, guidé par la providence et le Saint-Esprit, de ses disciples. Dans l'Église comme dans l'État, le principe est le suivant : Dieu ordonne le pouvoir ; il n'en prescrit pas la forme ; il ordonne le gouvernement, mais en laisse la forme au bon sens et aux préférences personnelles de ceux qui doivent y vivre.

Toutes ces choses que nous avons mentionnées ici appartiennent aux œuvres et aux voies des hommes ; ils sont bons ou mauvais selon qu'ils servent les fins de son royaume. Moïse, bien qu'un législateur inspiré, mais un simple homme, a donné de nombreuses formes et prescrit l'ordre de faire beaucoup de choses ; Jésus, l'homme divin, n'en a rien donné.

Rien n'est plus différent des hommes que Jésus dans son mépris total des « formes » dans l'accomplissement des devoirs qu'il lui a prescrits. Il n'a aucun mot sur les formes, hormis les mots terribles qu'il a prononcés à propos des nombreuses formes scrupuleusement observées par certains pharisiens et hypocrites qui jouaient à la religion. Sa vie était pleine d'adoration, mais il n'a laissé aucune allusion quant aux formes ou attitudes de dévotion. La prière la plus simple et la plus complète de toutes, « Notre Père qui es aux cieux », n'est pas une forme ; il dit : « De cette manière, priez. » La prière peut prendre n'importe quelle forme de mots, ou laisser tout mots non-dits. Et cette prière, il la fit à ses disciples en réponse à une demande de formulaire. Jésus n'avait aucune forme ; il ne se souciait de personne.

Jésus ne se souciait pas non plus de la « lettre », sauf en ce qui concerne le danger que des hommes bons pourraient en faire un fétichisme. Il a dit de la « lettre, elle tue » ; « l'Esprit donne la vie ». L'Esprit est tout , la lettre rien. Si nous devions utiliser à son sujet le langage qui convient au cas d'un homme , nous aurions envie de dire que Jésus considérait son souci minutieux des « formes » et de la « lettre » comme un simple jeu d'enfant, qu'il méprisait une telle folie non spirituelle.

C'est sûr : la seule chose qu'il dénonçait sur un ton qui était presque de la colère, c'était l'adhésion zélée à la forme et à la lettre, et le contentement moralisateur de ce pauvre substitut à la religion quand l'esprit de culte et de service était mort. Il nous apparaîtra d'autant plus clairement que cette manière de faire était très loin d'être celle d'un homme, si l'on se souvient que, chez les hommes, moins une institution a d'esprit et de réalité, plus ils se soucient de la simple forme et de la lettre. Un homme spirituellement mort combattra avec plus de zèle sur la forme d'un devoir que sur le devoir lui-même. Et ce n'est pas anormal ; quand une Église est morte, il ne reste plus que la forme : un corps prêt à être enterré.

Quels mots formidables Jésus a utilisés dans ce qu'il a dit de telles choses ! Écoutons-le et essayons de comprendre ce qu'il représente pour nous aujourd'hui :

« Malheur à vous, scribes et pharisiens hypocrites ! car vous payez la dîme de la menthe, de l'anis et du cumin , et vous avez omis les questions les plus importantes de la loi, du jugement, de la miséricorde et de la foi : vous auriez dû les faire et ne pas laisser les autres en suspens.

« Vous, guides aveugles, qui filtrez un moucheron et avalez un chameau.

« Malheur à vous, scribes et pharisiens hypocrites ! car vous nettoyez l'extérieur de la coupe et du plat, mais l'intérieur est plein d'extorsion et d'excès.

« Malheur à vous, scribes et pharisiens hypocrites ! car vous ressemblez à des sépulcres blanchis, qui paraissent beaux au dehors, mais qui sont pleins au-dedans d'ossements de morts et de toutes impuretés.

Si Jésus n'avait été qu'un homme, concevant de vastes projets pour propager ses doctrines et perpétuer son royaume, il aurait fait tout ce qu'il n'a pas fait. Il aurait eu recours à la force, à l'argent, à la diplomatie, à l'argumentation. Il aurait réfléchi à ce qu'est l'égoïsme humain et y aurait fait appel. Il aurait fourni des institutions et fondé des écoles. Il y aurait eu une « propagande » à travers le monde dans ses plans, et ses agents auraient été formés aux formes et aux méthodes à la manière des hommes. Pour avoir été un tant soit peu comme un homme dans ses projets, il aurait abandonné un système « d'éthique » ou de « théologie ». Il aurait formulé un « credo » ; il aurait rédigé une « constitution » avec des « règlements » pour son Église, énonçant en termes tous les principes et prévoyant, selon la prévoyance qui lui était donnée, pour chaque éventualité, comme l'a fait John Wesley avec sa Discipline et son Legal Hundred. (Peut-il être nécessaire de dire que cette illustration n'est pas une réflexion sur le grand et bon réformateur anglais, qui n'était qu'un homme ?) Il aurait fixé des formes d'observance rigides et des cérémonies dont il n'en avait pas et n'en aurait prescrit aucune, pas tant que cela. dire aux hommes comment ils devaient procéder en matière de sacrements : le baptême et le souper commémoratif.

De simples hommes font toujours de telles choses. Jésus n'a adopté la voie d'un homme dans aucune de ses œuvres ou de ses projets, à moins que nous exceptions ceux qui ont appris de lui quelque chose de l'art divin de faire du bien aux âmes et aux corps des hommes.

CHAPITRE XIII.
«JÉSUS-CHRIST A PRIS LE CHEMIN DE PÉRIR.»

SI Jésus n'était qu'un homme, il y a une autre chose merveilleuse à laquelle vous avez dû penser avant cette époque. Il parlait d'un royaume qui devait durer éternellement, qui devait conquérir le monde et qui devait lier la race humaine en une sainte fraternité ; mais il ne prépara pas de successeur. Il s'attendait à mourir tôt, comme il l'a fait ; il répétait à maintes reprises à ses disciples qu'il ne resterait pas longtemps avec eux ; mais il n'a prévu aucun représentant ni direction visible après son départ. L'idée d'un tel représentant ne se présentait pas dans toutes ses pensées, pas plus qu'elle n'était suggérée dans aucun de ses mots. Napoléon nous montre la voie d'un homme dans son souci avide d'un successeur et dans la méthode cruelle et méchante qu'il a utilisée pour parvenir à ses fins.

Ce que Jésus n'a pas ordonné ni exigé, les hommes peuvent l'utiliser dans son travail, si leurs méthodes sont bonnes en elles-mêmes et conformes à l'esprit de son royaume. Mais ce qu'il n'exigeait pas, les hommes ne devaient pas l'exiger de ses enfants libres.

En ce qui concerne les plans, d'une sorte que les hommes reconnaissent comme des plans - d'une sorte qu'ils admettront qui croient qu'il n'est qu'un homme - il n'y avait qu'une seule chose qu'il faisait et commandait. Il appela autour de lui quelques pêcheurs et d'autres gens ordinaires — de ce que certains appellent les « classes inférieures » — et leur dit en substance : « Parcourez la terre et dites à tout le monde ce que vous m'avez vu faire et ce que vous avez fait. m'ont entendu dire; parle de moi aux gens ; dites-leur de continuer à répéter l'histoire ; dites-leur de le transmettre à travers les âges, en le répétant encore et encore.

Ce sont ces mots mêmes : « Tout pouvoir m'a été donné dans le ciel et sur la terre. Allez donc et enseignez toutes les nations, en les baptisant au nom du Père, du Fils et du Saint-Esprit ; apprenez-leur à observer tout ce que je vous ai commandé ; et voici, je suis avec vous tous les jours , même jusqu'à la fin du monde.

De simples hommes, entreprenant de grandes et périlleuses entreprises, cachent à leurs partisans les difficultés et les périls qui les attendent ; ils leur parlent de victoires et de récompenses. Les Génois aussi, rassemblant un équipage pour l'aider à découvrir un nouveau monde. C'est ce que font tous les simples dirigeants humains. Et aucun simple homme dans un tel cas n'a jamais encore clairement vu la difficulté et le danger de l'entreprise; Si les hommes pouvaient voir clairement les difficultés et les tribulations qui les séparent du succès, ils ne se lanceraient jamais dans une entreprise grande et dangereuse. Mais Jésus a vu tous les antagonismes qui se trouvaient sur son chemin et, contrairement à aucun autre dirigeant ayant jamais vécu, il a dit à ses disciples ce qui les attendait. C'est en ces termes qu'il s'adressa à ses disciples :

« Voici, je vous envoie comme des brebis au milieu des loups : soyez donc sages comme les serpents et inoffensifs comme les colombes. Mais méfiez-vous des hommes : car ils vous livreront aux sanhédrins, et ils vous fouetteront dans leurs synagogues ; et vous serez amenés devant les gouverneurs et les rois à cause de moi, pour témoigner contre eux et contre les païens... Et vous serez haïs de tous les hommes à cause de mon nom ; mais celui qui persévérera jusqu'à la fin sera sauvé. .. Le disciple n'est pas au-dessus de son maître, ni le serviteur au-dessus de son seigneur. S'ils ont appelé le maître de la maison Belzébuth, combien plus les appelleront-ils de sa maison ?... Celui qui ne prend pas sa croix et qui me suit n'est pas digne de moi. Celui qui retrouve sa vie la perdra ; et celui qui perdra sa vie à cause de moi la retrouvera.

Pensons à tout cela. Une telle fin à accomplir, un tel plan, une telle revendication, une telle promesse ! Si Jésus n'était qu'un homme, c'était de la folie, à moins que nous ne mettions en cause sa sincérité.

Pourtant, avec une simplicité parfaite, un sang-froid parfait, une confiance parfaite, Jésus s'appuie sur un tel plan. Ce n'est pas du tout une manière d'homme ; non seulement elle est au-dessus et au-delà des voies d'un homme, mais elle lui est différente, elle lui est étrangère et impossible à un simple homme.

Comment les hommes planifient-ils ? Lire l'histoire ; regarde autour de toi. Il est facile de le découvrir dans les livres ; si vous savez lire les hommes, il est plus facile de le découvrir par l'observation.

Alexandre, César , Mahomet, parmi les guerriers et les conquérants ; Richelieu, Macchiavelli , Jefferson, Hamilton, Disraeli, Bismarck, parmi les hommes d'État et les hommes qui connaissent le métier d'État ; les pères et les papes, Ignace de Loyola, Luther, Calvin, Wesley, parmi les hommes d'Église, ceux-ci nous montrent les méthodes des hommes. En étudiant la vie de ceux mentionnés ici et d'autres de leur ordre, nous trouverons des plans nombreux et divers – sages et insensés, bons et mauvais – mais ils montrent la voie d'un homme.

Si vous souhaitez quelque chose qui ressemble davantage à un parallèle, considérez les plans de ceux qui ont imposé ce qu'on appelle le bouddhisme, ou confucianisme, à des centaines de millions de personnes. Ou pensez au mahométanisme. Dans ces systèmes, nous voyons le travail des hommes. Les auteurs Certains de ces systèmes reconnaissent les influences ordinaires qui déterminent la conduite des hommes et les utilisent avec une rare habileté humaine. Ce sont des agences d'emploi que Jésus répudie ; ils font appel à des motifs qu'il a ignorés ; offrir des incitations qu'il a totalement niées ; ceux-ci planifiaient comme les hommes planifient tout ce qu'ils faisaient. Ce que dit Pascal, en effet, en comparant le Christ et Mahomet, on peut dire du Christ et de tout autre fondateur de religion : « Si Mahomet a pris la voie de la réussite, selon les calculs humains, Jésus-Christ a pris la voie de la perdition, selon les calculs humains. calculs humains.

Jamais Jésus n'a cherché à utiliser les dérives les plus fortes de la nature humaine pour parvenir à ses fins ; ses fins lui imposaient d'arrêter et d'inverser ces dérives. Il n'ignorait pas les forces enfermées dans la nature humaine ; aucun homme n'a jamais lu aussi profondément dans le cœur, ni aussi absolument « su ce qu'il y avait dans l'homme ». Comme aucun autre ayant jamais enseigné la vérité aux hommes, Jésus connaissait la force du torrent qui s'abattait sur lui – le Niagara que sa cause devait gravir.

Si Jésus n'était qu'un homme, comment se fait-il que les méthodes qu'il a adoptées soient aussi différentes des méthodes des hommes que le but qu'il cherchait est différent de celui qu'aucun homme ne s'est jamais proposé ? Comment se fait-il que dans ses plans il ait fait tout ce qu'un l'homme ne ferait pas, et rien – toute l'histoire en est témoin – qu'un homme ne ferait ?

Ces pages ne sont pas écrites pour exhorter ; mais ne vaudrait-il pas mieux, pour la cause qu'ils défendent, que ses amis étudient davantage les plans de Jésus et moins leurs propres projets ?

En nous plaçant, en imagination, en compagnie de ces quelques amis fidèles, hommes et femmes – qui appartenaient au peuple humble et obscur – parmi ceux qui reçurent son commandement de « faire des disciples de toutes les nations », regardons autour de nous et considérons ce que sont les nos perspectives de réussite.

Quelle influence prédominante dans le monde est favorable à la cause de notre Seigneur et Maître ? Les seules personnes qui croient au Seigneur Dieu ont crucifié Jésus. Les Romains sont maîtres non seulement dans la ville sainte mais dans tout le monde que nous connaissons, et le pouvoir romain vient de sanctionner la mort de Jésus. Les Grecs donnent encore de la philosophie et de l'art au monde, mais il n'y a pas parmi eux de sympathie pour les enseignements et l'œuvre de Jésus. Personne ne se lie d'amitié avec sa cause ; aucune main n'est tendue vers ses disciples ; le monde est contre sa cause, et à cause de lui contre nous, ses disciples.

En considérant tout cela comme un homme pourrait le faire, y avait-il alors une seule probabilité humaine que la cause représentée par le Galiléen crucifié aurait le même effet ? la moindre place dans l'histoire ? Qu'il demeurerait parmi les hommes pendant une seule génération ? Si Jésus n'était qu'un homme, quelque chose de plus concevable par l'esprit humain pourrait-il être plus impossible que la réalisation du rêve (s'il n'était qu'un homme, ce n'était qu'un rêve) de cet homme de Galilée, crucifié comme un criminel ?

Il n'est pas étonnant que certains hommes, alors que Jésus était encore parmi eux, " se moquaient de lui ".

CHAPITRE XIV.
Son emprise sur l'humanité.

DONC Jusqu'à présent , nous avons étudié le caractère et l'œuvre de Jésus tels qu'ils sont présentés dans les évangélistes, tout comme nous pourrions étudier n'importe quel autre personnage de cette période. Nous n'avons pas encore considéré Jésus tel qu'il affecte désormais le monde – une présence et une force de notre époque.

Quand les scientifiques ont prouvé l'indestructibilité de la matière, quand ils ont découvert la doctrine de la conservation de l'énergie, nous montrant comment les mesures du charbon, qui réchauffent des millions de maisons et font fonctionner les machines terrestres et maritimes, ne sont que des rayons de soleil emmagasinés depuis des siècles incalculables. disparus, ils nous ont montré qu'à travers tous ses merveilleux changements, la nature ne perd rien de sa substance. Dans cette splendide formulation de la loi naturelle , les savants ont rendu un service secondaire mais plus important ; ils nous ont donné un symbole tiré des choses matérielles, une illustration d'une loi de la sphère supérieure. Rien n'est jamais perdu dans le monde spirituel.

Une pensée pleine de vie et de vérité, une fois lancée, ne peut pas plus être perdue qu'une goutte d'eau. tomber sur les champs peut être perdu. Le professeur Harrison, d'Angleterre, a raison dans sa doctrine de l'immortalité posthume, dans la mesure du possible. Il voit une partie de la vérité et l'énonce bien. Quelle que soit la force qui existe dans toute vie humaine, elle demeure dans la vie humaine. Nous ne pourrons peut-être pas le retrouver, comme nous ne pourrons peut-être pas retrouver la même goutte de rosée qui brillait sur l'herbe ce matin et qui, exhalée par le soleil levant, a maintenant disparu de notre vue, mais pas de l'existence.

Il se pourrait bien que les influences qui ont contribué à façonner nos vies – à faire de nous ce que nous sommes aujourd'hui – nous soient, d'une manière ou d'une autre, venues de plusieurs milliers de vies. Dans le vrai sens du terme, Moïse, David, Paul, Socrate, Platon, Augustin, Shakespeare, Bacon, Milton, Luther, Calvin, Wesley, avec bien d'autres – nos parents et nos professeurs avant tout – tout cela, et peut-être des myriades d'autres. innommable, vit en nous aujourd'hui. C'est ce que Froude voulait dire lorsqu'il écrivait à propos de Martin Luther : « Aucun homme de notre temps n'est ce qu'il aurait été sans Luther. » Cela est vrai parce que la vie de Luther entre tellement dans les influences de notre époque qu'aucun homme jamais mis en relation avec lui ne pourrait échapper à cette influence.

Et rares sont ceux qui y ont échappé ; aucune des nations européennes, aucune des nations qui ont été amenées à entretenir des relations avec le christianisme et les civilisations qui en sont issues ; peu, voire aucune, de ce que nous appelons des nations païennes ; car les influences de la vie et des doctrines de Luther se retrouvent dans le mouvement missionnaire de notre époque, qui promet maintenant de faire pour ces nations ce que l'avènement du christianisme a fait pour l'Europe, l'Asie de l'Est et l' Afrique du Nord au cours des premiers siècles de notre ère - si changé eux comme pour créer une nouvelle époque dans l'histoire; nous pourrions dire, un nouveau monde.

Ce qui est vrai d'un homme tel que Luther l'est dans une certaine mesure – cela peut être moins étendu, mais cela ne peut pas être moins réel – de chaque vie qui nous a précédés et qui est, de quelque manière que ce soit, entrée dans la nôtre.

Il serait facile de proposer des illustrations. Considérons Francis Bacon – peut-être davantage Roger Bacon – par rapport aux méthodes scientifiques de notre époque. Pensez à Shakespeare, non seulement dans la poésie, mais dans toute la littérature ; ou de Kant, Spinoza, Locke, en philosophie ; Calvin, Wesley et les autres, en théologie et en réformes morales. Ou pensez aux artistes et aux inventeurs, aux grands soldats et hommes d'État. Vous pouvez facilement distinguer une très longue liste de noms de vies humaines qui, avant nous, vivent désormais en nous. La liste montrera des noms qui représentent des éléments divers et antagonistes ; mais tout cela entre dans notre vie, tout comme, pour revenir à notre illustration du monde des eaux, l'eau pure des nuages, scintillante dans Les sources des montagnes, puantes et puantes des marécages et de toutes sortes d'endroits laids, entrent, peut-être, dans les éléments constitutifs de la goutte de rosée qui reflète le soleil sur chaque brin d'herbe des champs.

Il n'y a rien de particulier à la vie de Jésus de Nazareth que son influence perdure dans l'histoire humaine. Chaque vie humaine, la plus humble et la plus indigne, demeure ainsi. Mais l'influence de Jésus est différente de celle des autres hommes. Je ne parle pas ici de diplôme, mais de gentillesse. Comme sa méthode de pensée, d'enseignement ; autant le travail qu'il se proposait d'accomplir et les plans qu'il avait adoptés le différenciaient des simples hommes, de même l'histoire de l'influence qui s'est dégagée de lui dans la vie et a ainsi façonné la civilisation moderne, ainsi le caractère de son influence le distingue-t-il aujourd'hui des simples hommes. Hommes.

Cela nous entraînerait trop loin pour que la conception de ces discussions aborde maintenant le sujet de la relation de Jésus avec l'histoire de son époque. Notre calendrier laisse entendre l'étendue et la puissance de cette influence ; nous comptons le temps depuis sa naissance ; nous sommes en 1889 après JC. Cette influence a pénétré tout ce qui a fait le monde de notre époque. L'histoire de cette influence est l'histoire de l'ère chrétienne.

Nous considérerons l'influence de Jésus, car elle peut être une question d'observation et de conscience.

Considérez le pouvoir des enseignements de Jésus sur la conscience humaine. C'est pour moi une merveille croissante. Les paroles des autres stimulent la conscience dans une certaine mesure, mais seulement lorsqu'elles font écho aux siennes ou s'approchent de l'harmonie avec elles. C'est si étrangement vrai qu'aucune parole d'un enseignant ne remue la conscience — sauf pour protester — qui contrarie et contredit Jésus. Il n'y a ici aucun risque d'exagération ou de dogmatisme ; il est parfaitement sûr et parfaitement juste de dire qu'aucune doctrine de Dieu ou de l'homme, du bien et du mal, qui répudie ou nie ce que Jésus enseigne, n'a de pouvoir sur la conscience humaine. D'autres mots et doctrines peuvent vivifier l'intellect et le dominer ; peut exciter l'imagination et susciter les émotions; mais s'ils sont contraires à ses doctrines et à sa vie, ils n'ont aucune compréhension du côté moral de l'homme.

Il est facile de faire l'expérience et de la réaliser de manière concluante. Lisez des livres qui contredisent ses doctrines et qui cherchent à les renverser. Si vous lisez avec franchise , je n'ai pas peur que vous lisiez ce que disent ses plus féroces ennemis. Prenez Voltaire, où il ridiculise la Bible ; Paine, dans ce pamphlet très mal nommé, *The Age of Reason* ; Hume, dans ses spéculations sur la providence, les miracles, l'inspiration et toute la littérature agnostique de notre époque. Ces écrits ne s'appliquent pas au la conscience, sauf dans la mesure où ils peuvent l'affaiblir ou la paralyser ; ils ne renforcent aucun objectif de bien faire, ne confirment aucun sentiment d'obligation personnelle, ne revigorent aucune volonté de bien faire. Faites l'expérience de toutes les paroles des hommes qui contredisent ou répudient Jésus, les plus légères et les plus lourdes, les plus stupides et les plus subtiles ; de simples déclamations de plate-forme ou le culte scientifique sobre du matérialisme qui ne connaît aucun esprit — homme, ange ou Dieu. L'un d'entre eux attise-t-il notre sentiment d'obligation envers un devoir élevé ? L'un d'entre eux rend-il plus claire notre perception du devoir ? Notre amour de la vertu est-il plus fort ? Notre haine du mal s'intensifie ? Tous ceux qui ont fait l'expérience peuvent répondre par eux-mêmes.

Je ne dis pas que seules les paroles de Jésus s'emparent de la conscience ; ce ne serait pas vrai. Il y a des passages de Sénèque, d'Épictète, de Socrate, de Platon, de Confucius, selon les mots de nombreux sages anciens et enseignants modernes, qui éveillent la conscience. Votre Shakespeare fournira de nombreuses illustrations. Il en sera de même pour George Eliot, Hawthorne et de nombreux autres écrivains. Mais je dis ces choses avec une parfaite assurance :

1. Aucune parole ou enseignement d'un écrivain ou d'un enseignant, de quelque âge que ce soit, qui contrarie ou répudie les paroles de Jésus n'a de pouvoir sur la conscience.

2. Ces paroles et enseignements d'hommes qui n'ont jamais connaissaient Jésus – comme Socrate, Confucius et d'autres hommes du même genre – qui affectent le plus la conscience sont les paroles et les enseignements qui sont les plus en harmonie avec les doctrines et le caractère de Jésus. Toute lumière est bonne, mais celle qui est la plus proche de la lumière du soleil est la meilleure.

3. Les paroles et les enseignements de ceux qui connaissent Jésus, qui affectent le plus puissamment la conscience, sont ceux qui font le plus parfaitement écho à ses paroles.

De plus, cela est vrai : les paroles et les enseignements de Jésus non seulement éveillent la conscience comme aucun autre ne le fait ; ils éclairent la conscience. D'autres peuvent affecter la sensibilité de la conscience dans une certaine mesure, mais la laisser dans l'ombre quant au bien et au mal des choses. Les paroles de Jésus – une fois leur sens compris – telles qu'elles s'appliquent à tout cas concret de bien et de mal, non seulement éveillent la sensibilité de la conscience de sorte que le sentiment d'obligation de faire le bien et d'éviter le mal soit le plus prononcé et le plus indubitable, mais cela C'est également vrai : la lumière que ses paroles jettent sur la question considérée rend transparent ce qu'est la bonne et la mauvaise chose.

Il y a ici quelque chose qui défie l'analyse, quelque chose qui ne peut pas être retenu sous des formes logiques. Prenez n'importe quelle doctrine enseignée et illustrée par Jésus. Il peut s'agir de vérité, d'honnêteté, de chasteté, de charité. Lisez-le, voyez ce que cela signifie, appliquez-le à votre cas, et la conscience lui dit : « Amen », et sur-le-champ. La conscience le reçoit comme la raison reçoit un axiome. Compte tenu des faits, il vous suffit d'appliquer ses tests, et à cet instant, non seulement vous supposez, non seulement vous pensez, vous savez quel est votre bien et votre mal dans cette affaire. S'il n'y avait pas d'autre raison, il y aurait ici une raison suffisante pour suivre l'homme de Galilée partout où il mène.

Je vous exhorte à utiliser dans les épreuves qui vous attendent, comme méthode pour découvrir le bien et le mal et déterminer le devoir, ce que j'ai essayé dans de nombreuses conditions de vie et d'action ; un principe d'action des plus simples, qui ne m'a jamais fait défaut ni laissé de doute un seul instant. Elle vaut plus que tous les raisonnements, que tous les livres de casuistique, que tous les conseils d'amis ; bien plus, c'est mieux que de simplement prier comme pour une nouvelle lumière ou une autre révélation que celle qui est venue éclairer tout homme qui vient au monde. C'est se demander : « Qu'enseigne Jésus ici ? Que dirait-il s'il parlait ? Que ferait-il si tel était son cas ?

Des erreurs de jugement, nombreuses et graves ; les échecs dans la vie à la hauteur de la lumière que le Maître donne, plus graves que n'importe quelle erreur de jugement – ces choses que j'avoue avec tristesse et avec une honte amère ; mais pour l'amour de la vérité, pour l'amour de ma conscience, et pour l'amour de mon Seigneur, je dois dire ceci, et je ne peux pas en dire moins : je n'ai jamais demandé : « Que ferait-il ? mais que la lumière a brillé de manière resplendissante et révélatrice de tout, et que le bien et le mal ressortaient clairement, avec netteté, comme lorsque les lumières électriques brillent autour de nous, et je savais ce que je devais ou ne devais pas faire.

À ce stade, nous pouvons revenir un instant à ce qui a été, en partie, considéré jusqu'à présent : la plénitude, l'intégralité de ses enseignements le différencient de tous les autres.

Il n'existe chez aucun autre enseignant une telle déclaration de principes qu'on ne puisse trouver en dehors de leurs enseignements un seul principe éthique qu'ils n'ont pas enseigné. D'autres professeurs nous donnent de nombreux principes d'éthique ; est-ce que l'un d'entre eux donne tout ? Jésus le fait, bien qu'il n'ait écrit aucun livre ni élaboré aucun système ; bien que nous n'ayons que peu de ses paroles enregistrées. Voici ce que je demande : existe-t-il chez un enseignant d'une nation quelconque un seul principe du bien et du mal que le suffrage de la race pourrait approuver, et que Jésus n'enseigne pas ? Existe-t-il un seul principe de Jésus concernant le bien et le mal que le suffrage des hommes bons puisse condamner comme faux ? Les hommes peuvent, en effet, rejeter ses enseignements et s'y opposer avec la haine la plus amère, mais lequel d'entre eux – le moindre ou le plus grand – peuvent-ils démontrer comme étant immoral ou faux ?

Comme toutes les couleurs sont potentiellement contenues dans le pur lumière blanche, et comme la composition de toutes les couleurs produit la lumière blanche pure, de même les enseignements de Jésus contiennent en principe toutes les formes de vérité éthique qui ont toujours existé dans l'esprit des hommes. Mais ici, l'analogie échoue. Toutes les vérités éthiques que tous les autres ont enseignées lorsqu'elles sont rassemblées ne parviennent pas à constituer la somme totale de ses enseignements ; certaines couleurs leur manquent ; ensemble, ils ne créent pas la pure lumière blanche des évangiles.

CHAPITRE XV.
CE QUE IL RÉCLAMANDE ET EXIGE.

IL Y a un fait, personnel à Jésus, qui non seulement entre de manière vitale dans cet argument, mais qui explique plus que toute autre chose le pouvoir de ses paroles sur la conscience : ce qui a été considéré au départ dans une autre relation – la perfection de son propre caractère ; son impeccabilité : sa pureté absolue.

Une doctrine parfaite affectera sans aucun doute la conscience, mais une doctrine parfaite prononcée par quelqu'un qui mène une vie sainte a décuplé la puissance d'un simple énoncé de doctrine. Et ce n'est pas simplement que l'auditeur recule devant une doctrine énoncée par un homme incohérent ou peu sincère parce qu'il est incohérent et peu sincère, mais un tel homme ne peut même pas exprimer la vérité dans sa plénitude ; il ne peut pas concevoir la vérité dans son intégralité.

Lorsque Jésus énonce une vérité , cela s'empare de la conscience et de la vie, non seulement parce que c'est la vérité, mais parce qu'il est « la Vérité et la Vie ». Sa conscience accompagne la parole et elle entre dans notre conscience. C'était cette qualité en lui, plus que toute autre chose, ce qui a amené ses auditeurs, à la fin du Sermon sur la montagne, à « s'étonner de sa doctrine, car il les enseignait comme quelqu'un ayant autorité ». Il s'agit plus de vivre une vérité que d'apprendre une vérité qui donne de l'autorité à l'enseignant.

Un incident illustratif peut nous aider ici. Feu M. Wray était un missionnaire baptiste en Inde. C'était un homme dont le caractère religieux était connu. On a posé la question à un enfant qui le connaissait bien : « Qu'est-ce que la sainteté ? Un homme aurait fait comme tant d'autres, avec un échec lamentable, tenter une « définition » ; l'enfant répondit : « La sainteté est la façon dont M. Wray vit. » L'enfant était presque, sinon tout à fait, au fond du sujet.

Celui qui apprend à l'école de Jésus peut trouver ici une vérité de première importance. Elle est double : 1. La meilleure manière d'apprendre davantage de vérité est de vivre la vérité qu'il connaît. 2. La seule manière d'enseigner correctement une vérité morale ou spirituelle est de la vivre. La religion, comme la science, croit à l'expérience et enseigne par les faits. La vérité incarnée est la vérité qui contient la vie. C'est dit avec révérence, mais avec confiance, Jésus enseigne ce qu'est la vie spirituelle plus en la vivant qu'en la parlant. Sa vie expose sa doctrine, et sans sa vie nous ne pourrions pas comprendre ses enseignements.

Essayez le principe par n'importe quel test de lui. Par exemple, il nous enseigne que le pardon est un devoir et que la vengeance est un péché. Que veut-il dire? Ce qu'il a fait. Vous vous souvenez de sa dernière prière : « Père, pardonne-leur ; Ils ne savent pas ce qu'ils font." Il nous apprend à aimer nos ennemis. Que veut-il dire? Ce qu'il a fait; il les bénissait toujours quand il le pouvait. Il enseigne que nous servons Dieu mieux en faisant du bien aux hommes, et que la meilleure et la seule preuve d'aimer Dieu est d'aimer les hommes. Que veut-il dire? Ce qu'il a fait. Il faisait toujours du bien. Ainsi , sa vie expose ses enseignements et constitue le seul commentaire sûr et vrai de ses paroles.

Contemplez cette vie un instant. Commencez par Bethléem et suivez-le jusqu'à Béthanie, où, dit-on, il monta au ciel. Cette vie est irréprochable, sans défaut. Il n'a pas manqué d'injures, de dénonciations, de diffamations, de persécutions. On le traitait d'ivrogne et de glouton parce qu'il n'était pas un ascète ; ils disaient qu'il « avait un diable » parce qu'ils ne pouvaient pas comprendre comment un homme pouvait faire une chose simplement parce qu'elle était juste. Certains le traitaient de fou ; "Il est hors de lui", disaient-ils, parce qu'il n'était pas du monde, c'était ce qu'ils considéraient comme "peu professionnel", parce qu'eux, avec leur égoïsme et leur orgueil, ne pouvaient s'imaginer vivre comme lui à moins que ils avaient perdu la raison. Beaucoup le détestaient alors, comme ils le font maintenant, parce qu'il était, comme il l'est, sur la voie de leur recherche égoïste et de leurs péchés. Les méchants ne peuvent pas être en repos là où ils sont.

Il n'est pas étonnant que l'enseignement parfait d'un homme irréprochable ait un pouvoir sur la conscience humaine. Jusqu'à présent, les hommes de bien soutiennent le verdict de Pilate ; les méchants n'y trouvent aucune erreur.

Lorsque nous examinerons de plus près son caractère le plus profond , nous découvrirons des qualités qui le différencient largement et sans équivoque des simples hommes. Nous ne voyons en lui aucun défaut que nous puissions nommer comme attaché à sa vie ; mais nous voyons en lui deux manifestations de toutes les autres plus merveilleuses et hors de portée de la simple vie humaine. 1. Il n'apparaît chez lui aucune, à tout le moins, conscience de faute. 2. Dans sa religion, il n'y a aucun effort.

Or, ces choses n'apparaissent chez personne qui est sincère, qui sait ce qu'elles sont et ce qu'est la bonté. Les meilleurs hommes et femmes sont conscients de leurs défauts, et les meilleurs en sont les plus conscients. Si un homme devait dire : « Je suis irréprochable », nous remettrions en question sa sincérité, sa santé mentale, ou sa connaissance des mots, ou sa conception de la bonté. Et nous aurions raison. Aucun homme sain d'esprit, doté d'un idéal élevé de bonté et connaissant le sens des mots, n'a jamais utilisé de lui-même des mots qui ne conviennent qu'à Jésus.

C'est comme l'idéal d'un véritable artiste : plus il est artiste, moins il satisfait sa propre conception dans ce qu'il fait ; ainsi , en religion, les plus saints se rendent compte de là distance qui les sépare du Christ. Un incroyant a dit que Marie au sépulcre l'avait idéalisé et avait ainsi rendu le christianisme possible ! Il supposait qu'il avait expliqué le fait le plus prodigieux de tous les temps. Pourquoi seul Jésus est-il devenu l'idéal le plus élevé qui ait jamais rempli l'âme humaine ? Que dix-neuf siècles ne lui ont rien ajouté, rien lui ont enlevé ?

Quant aux hommes, la religion est une guerre contre la nature. C'est ce que nous enseigne saint Paul. C'était son expérience; les hommes les plus saints le comprennent le mieux et le confessent le plus franchement. Les écrits de Paul regorgent de termes qui illustrent la religion à partir de luttes agonistiques. Lorsque Jésus lui-même exhorte les hommes à rechercher la vie de religion, il dit : « Efforcez-vous d'entrer par la porte étroite. » Le mot traduit s'efforcer est la forme grecque de notre mot de douleur et de conflit : agoniser.

Mais la religion de Jésus était facile ; il n'y a jamais eu dans son cœur d'antagonisme envers la bonté. Sa religion brille comme le soleil parce qu'elle est pleine de lumière ; c'est une sortie de sources qui, au plus profond de son âme, étaient en jeu spontané et perpétuel. Il a eu des conflits, mais avec le mal qui était hors de lui ; il n'y en avait pas en lui.

L'histoire de sa tentation ne milite en rien contre cette affirmation. Il ressentit la force de l'attaque du dehors, car il est dit : « Il souffrit, étant tenté ». Mais quand on lit l' histoire , on sent qu'il était non seulement juste, mais naturel, de sa part. Nous voyons si clairement que nous ne doutons jamais ; il n'y a en lui rien de sympathique avec le mal auquel il a été sollicité.

Que dit Jésus de lui-même à ce sujet ? Que revendique-t-il pour lui-même ? Il dit à Pilate : « Je suis la vérité » ; et cela ne nous choque pas de l'entendre dire cela. Il dit à un endroit : « Je fais toujours la volonté de mon Père » ; et nous le croyons – non seulement qu'il le pense, mais qu'il le fait. En essayant de donner à ses disciples le seul véritable idéal de l'humanité, il dit : « Soyez donc parfaits, comme votre Père céleste est parfait. » Puis il s'offre comme exemple au genre humain, et nous sommes convaincus qu'il est ce qu'il dit, car nous ne pouvons « lui trouver aucun défaut ». Et dans tout cela, nous reconnaissons une parfaite sincérité, simplicité, humilité. Si un simple homme nous disait de telles choses, nous le mépriserions ; le mépris du monde le chasserait de la présence des hommes. Mais il dit de telles choses et nous pensons que c'est juste ; c'est la vérité; il est ce qu'il dit.

De la même manière, nous estimons qu'il a droit à faites-nous les plus grandes revendications en matière de service humain, de dévouement et d'amour jamais exprimées en mots. Il dit : « Si quelqu'un veut être mon disciple, qu'il renonce à lui-même, qu'il prenne sa croix chaque jour et qu'il me suive. » "Celui qui aime son père ou sa mère plus que moi n'est pas digne de moi." Tout doit être soumis à sa volonté. Nous devons abandonner nos terres, nos maisons, nos parents, nos enfants, nos épouses, tout cela pour lui. Rien dans l'univers ne doit s'interposer entre lui et l'amour loyal et sacrificiel de ses disciples. Il doit être le premier dans nos cœurs ; tout ce qui s'interpose entre lui et notre amour perd tout droit sur lui. Si un simple homme faisait ces demandes, le monde le mépriserait et il aurait raison.

Mais il avance d'autres affirmations d'un genre auquel aucun homme sincère et sensé, qui n'est qu'un homme, ne peut penser un instant. Il revendique le droit de pardonner les péchés. Ses critiques avaient raison : ils pensaient qu'il n'était qu'un homme. « Pourquoi cet homme profère-t-il ainsi des blasphèmes ? Qui peut pardonner les péchés, sinon Dieu seul ?

Non seulement il prétend, comme aucun autre prophète ne l'a jamais fait, représenter le Père éternel, mais il revendique une connaissance parfaite de Dieu qu'aucun simple homme ne peut revendiquer. « Toutes choses m'ont été données par mon Père ; et personne ne connaît le Fils si ce n'est le Père ; personne ne connaît le Père, si ce n'est le Fils, et celui à qui le Fils veut le révéler. lui." La veille de sa mort , il dit à ses disciples : « Que votre cœur ne soit pas troublé : vous croyez en Dieu, croyez aussi en moi. »

Il dit de bien des manières et en de nombreux endroits qu'il est, par son origine et son caractère, plus qu'un homme ; qu'il est surnaturel. Il dit : « Moi et mon Père sommes un. » Il dit qu'il est divin, qu'il est Dieu.

Si Jésus n'était qu'un homme, de telles affirmations ne pourraient être conciliées avec sa santé mentale ou sa sincérité. Augustin avait raison lorsqu'il réduisait cet argument à sa dernière analyse : « *Christus, si non deus , non bonus* » : le Christ, s'il n'est pas Dieu, n'est pas bon.

CHAPITRE XVI.
JÉSUS LE PERSONNAGE UNIVERSEL.

EN considérant Jésus tel qu'il est maintenant dans le monde, non pas simplement dans l'histoire des évangélistes et dans les livres, mais dans la vie humaine, il y a d'autres points de vue à adopter. Nous ne pouvons que prendre position ; nous ne pouvons pas voir tout ce qu'ils indiquent.

Nous devons maintenant considérer plus attentivement ce que nous avons examiné un instant dans l'argument qui nous oblige à croire que ce personnage n'a pas pu être inventé, et qu'une telle personnalité n'a pas pu être une excroissance normale de la vie hébraïque : Jésus est un être universel. personnage – le seul et unique personnage universel qui soit jamais apparu dans l'histoire, qui ait jamais été décrit, qui ait jamais eu sa place dans la pensée humaine.

Il existe de grandes différences chez les hommes. Certains ont une âme si étroite et si maigre qu'ils n'ont guère de pensée ou de sympathie au-delà du petit cercle dans lequel ils sont nés, dans lequel ils vivent et dont ils sortent complètement lorsqu'ils meurent. Il y a des vies si localisées que les hommes hors de leur sphère ne peuvent pas les comprendre, et que les hommes hors de leur la sphère ne peut pas les comprendre. Pour chaque dialecte limité du langage humain, il existe des pensées et des vies limitées. Qu'entendons-nous par « provincialisme » appliqué à un homme ou au peuple d'un État ou d'un pays ? Cela signifie limitation. Les illustrations sont partout . Prenez un Scotch Highlander, un Irlandais habitant une région agricole rarement visitée, ou, dans notre propre pays, un habitant de la Nouvelle-Angleterre né et élevé sans jamais sortir de chez lui ; ou un Géorgien du village, un vieux sudiste convaincu. Ces hommes sont provinciaux. Ils peuvent avoir des qualités admirables et même nobles, mais ils sont limités dans leurs opinions, étroits dans leurs sympathies, et par conséquent ils sont coupés de la sympathie de leurs semblables d'autres conditions de vie. Les sauvages nous montrent les extrêmes du provincialisme.

Mais prenons maintenant notre illustration dans les domaines les plus élevés de la vie. Parmi les anciens, prenons Platon, aussi large d'esprit que n'importe quel autre. Qu'est-il? Grec jusqu'à la moelle. Il n'y avait pas de plus grand Romain que Jules César . Mais il était essentiellement romain ; il était localisé par race et par pays ; il y avait en lui beaucoup de choses que seul un Romain pouvait comprendre, et donc beaucoup de choses qui le limitaient dans sa connaissance des hommes des autres nations.

Venez à des temps plus modernes. Seulement quelques années Il y a quelques jours, le monde protestant célébrait le quatre centième anniversaire de la naissance de Martin Luther. Il y avait suffisamment de choses chez Luther pour perpétuer son influence sur de nombreuses générations. Dans chaque nation où l'effet de la réforme luthérienne se faisait sentir, il y avait un réel intérêt pour la célébration de l'anniversaire de la naissance du grand Allemand. Il y avait de la sympathie pour Luther ; de plus, plus ou moins le comprenant. Il y avait chez Luther assez de vie énergique pour déborder de l'Allemagne et enrichir d'autres pays ; pourtant il était allemand, et donc pas un personnage universel, mais limité. Et c'est pourquoi il compte plus pour l'Allemagne que pour l'Angleterre, la France ou l'Amérique. Ce n'est pas simplement que les Allemands s'intéressent davantage à lui en tant que sentiment patriotique né de la fierté nationale envers leur plus grand homme ; ils le comprennent mieux que les autres. S'il pouvait revenir dans le monde , il comprendrait les Allemands mieux que les autres.

Parmi les grands hommes de la vie civile, citons l'Américain Washington. Aussi grand qu'il fût et possédant en lui des qualités que tous les vrais hommes reconnaissent et approuvent, il était pourtant essentiellement américain. Il était aussi essentiellement Virginien et Virginien aristocratique des plantations de son époque, et aucun autre.

Prenez l'anglais Gladstone, des hommes vivants. Large d'esprit, bien informé, mûr en sagesse, riche en érudition, accompli, il est, on peut bien le supposer, sans égal chez aucun homme de notre époque en grandeur de cœur et en gamme de sympathies. Mais il est anglais ; il y a beaucoup de choses en lui qu'aucun étranger ne peut comprendre pleinement, et il y a beaucoup de choses chez tout étranger que Gladstone ne peut pas comprendre.

Prenons un autre exemple – l'homme que nous appelons « à l'esprit myriade » – le prince des poètes, le roi des dramaturges, William Shakespeare. Il pouvait, je pense, s'insérer dans la conscience d'un homme d'une nation différente aussi pleinement que n'importe quel homme ayant jamais écrit. Il est autant que l'on puisse être un « poète de la race humaine ». Mais c'est un simple lieu commun de la littérature de dire que beaucoup des meilleures pensées de ses grands drames ne supportent pas d'être traduites dans des langues étrangères ; tout comme les plus belles oranges qui poussent, comme nous le disent les voyageurs, une variété cultivée au Brésil, ne supportent pas le transport vers d'autres pays. Si l'on dit qu'il s'agit d'une difficulté de langage, cela implique en soi la limitation qui accompagne les simples hommes. Mais cela n'explique pas entièrement la difficulté de la traduction ; c'est dans les limitations qui caractérisent les hommes. Aucun étranger ne peut comprendre correctement Shakespeare, qui était anglais.

Certains auteurs ont dit : « Shakespeare a dramatisé l'Anglais du XVIe siècle. » Il a écrit sur d'autres ; il a dramatisé l'Anglais de son temps. Il le connaissait. Il n'a pas dramatisé l'homme du XVIe siècle. Aucun personnage ne peut être chez lui dans tous les pays ; qui peut se présenter à la course. Il a encore moins dramatisé l'homme du XIXe siècle ; le génie n'est pas à la hauteur d'une telle prévision. Car les simples hommes ne sont pas seulement localisés dans leur pensée, leur sympathie et leur caractère par le lieu, ils sont, si possible, encore plus limités par le temps ; les influences qui les ont précédés et les ont enfermés pendant leur vie.

Mais que trouvons-nous lorsque nous considérons Jésus de Nazareth en ce qui concerne l'époque et le lieu, le sang et le pays, l'éducation et la langue ? Ceci : nous ne pensons pas du tout à lui, même si nous utilisons les mots, comme Jésus de Nazareth. Nous ne le considérons pas comme un Juif, ni même comme un Asiatique. Le Galiléen, le Juif, l'Asiatique se perd dans l'homme. Les circonstances n'ont pas laissé d'impression sur Jésus au point de le localiser - au point de limiter sa sympathie - au point de gâcher le moins du monde son humanité complète, harmonieuse et parfaite.

Si les traducteurs ont une connaissance approfondie de la langue, les paroles de Jésus supportent la traduction comme aucune parole humaine ne la supporte. Je ne crois pas que ses pensées perdent quoi que ce soit , aucune saveur, aucune couleur, en étant traduites. Lorsqu'elles sont correctement traduites, ses pensées signifient pour un Américain ce qu'elles signifiaient. aux gens qui l'ont entendu parler pour la première fois. Ils produisent chez des hommes de races et de langues différentes les mêmes pensées, excitent les mêmes convictions, suscitent les mêmes sympathies et conduisent aux mêmes conclusions sur le bien, le mal et les devoirs, dans toutes les langues qui les ont jamais répétées. Lorsque ces paroles de Jésus sont obéies , elles produisent les mêmes caractéristiques essentielles chez les hommes de toutes les nations, les plus éclairées et les plus sauvages. Cela ne dépend ni de la race, ni de l'hérédité, ni du milieu ; les résultats quant au caractère de la réception et de la vie de l'Évangile sont les mêmes toujours et partout . Qu'ils soient grecs, romains, scythes ou hébreux aux premiers jours du christianisme ; qu'il soit caucasien, asiatique, africain aujourd'hui, l' homme qui suit le Christ se transforme à son image. Aucun sol, aucun climat, aucun temps ne modifie le fruit de cet arbre.

Par-dessus tout, et surtout comme n'importe quel simple homme, non seulement ses paroles signifient pour nous ce qu'elles signifiaient pour ses premiers disciples ; il compte autant pour nous. Il est pour une femme pécheresse et pénitente de notre temps exactement ce qu'il était pour cette Marie qui lui baisa les pieds dans la maison du fier pharisien. Il est pour tout misérable qui a besoin de lui et qui le veut ce qu'il était pour le lépreux ou pour celui de Gadara. À Marie et Marthe qui pleurent leurs morts aujourd'hui il compte tout autant que pour les sœurs de Béthanie. Tout cela concorde avec ce qu'il disait de lui-même comme « le Fils de l'homme ». Quelqu'un d'autre a-t-il jamais eu une telle conception de lui-même, de la race humaine et de sa relation avec elle ? Pas un de ses mots, pas un de ses actes n'est lié à son époque ou à sa race. Jésus est « le Fils de l'homme » ; l'homme idéal et universel, l'homme représentatif de toute la race, le frère de chaque homme, femme et enfant du monde ; aimant tout le monde et adorablement aimable de tous.

CHAPITRE XVII.
LE CHRIST, FILS DU DIEU VIVANT.

QU'EST-CE QUI a été exposé concernant le pouvoir des enseignements de Jésus pour remuer, stimuler et éclairer la conscience ? ce qui a été dit de son propre caractère et de sa vie comme incarnant, et ainsi exposant, rendant clair et renforçant, sa doctrine ; ce qui a été suggéré concernant l'universalité absolue de son caractère, le faisant frère de tout être humain et donc autant de l'un que de l'autre, tout cela nous amène à parler brièvement d'un fait merveilleux mais très commun d'observation et d'expérience quotidienne, un fait qui ne peut être dissocié du caractère, de la nature et de la personnalité de Jésus lui-même : l'effet de ses doctrines et de lui-même sur les hommes.

Cela ne veut pas dire que tous ceux qui sont appelés chrétiens montrent ces résultats ; que tous ceux qui sont chrétiens montrent tous ces résultats ; que tout homme ou femme qui a jamais été appelé chrétien a montré tous les résultats possibles pour l'humanité comme la séquence naturelle de la réception complète de la doctrine de Jésus et du fait d'être à la hauteur de il. Pas plus que je ne plaiderai pour les pièces contrefaites ; pas plus que je ne dirais que toutes les pièces contenant de l'or pur sont de plein poids et sans alliage de métal inférieur. Mais ce que je dis : nous trouvons, et trouvons toujours, chez ceux qui reçoivent et obéissent aux enseignements de Jésus les résultats qu'il a indiqués comme suite à leur réception ; que les résultats suivent proportionnellement à la rigueur avec laquelle ces enseignements sont observés ; que ceux qui les gardent le mieux deviennent comme lui, l'homme parfait et irréprochable.

Nous n'entrerons dans aucune discussion théologique ; nous ne touchons pas à la métaphysique du sujet ; mais cela peut être affirmé sans réserve et sans réserve : ceux qui croient, reçoivent et obéissent à ses paroles ne sont pas seulement changés dans leur manière de vivre, ils sont, pour autant que nous puissions avoir un moyen de juger les hommes, changés dans leur esprit de vie. . Ainsi cela arrive-t-il chez ceux qui gardent ses paroles ; les choses anciennes deviennent nouvelles, non seulement dans le domaine de l'action, mais aussi dans le domaine de la pensée, du sentiment et de la volonté.

Il me semble qu'il n'y a rien de plus difficile à faire dans ce monde que de changer, non seulement la vie extérieure des hommes, mais les hommes eux-mêmes. Changer le cœur des hommes, c'est comme créer des mondes.

Qui d'autre qui a déjà enseigné, vécu ou est mort, le fait ce? Est-ce que cela se produit parmi les hommes ? Est-ce que cela a disparu depuis près de deux mille ans hors de la vue et de l'ouïe des hommes ? Mais Jésus opère ce miracle maintenant, et chez des hommes de toutes races et de toutes conditions, civilisés et sauvages, instruits et ignorants. Et leur nombre est comme les sables au bord de la mer et comme les étoiles du ciel en multitude.

Les penseurs sincères qui rendent compte de Jésus – en le caractérisant et en le classant – doivent tenir compte des effets produits dans le caractère humain, ainsi que dans les vies humaines, et dans les vies humaines parce que dans le caractère humain.

Les hommes de science nous disent que nous devons tenir compte des faits pour formuler nos conclusions ; et ils ont raison. C'est Jésus qui a enseigné ce principe bien avant Bacon ; « Vous les reconnaîtrez à leurs fruits. » En étudiant Jésus, nous devons tenir compte des faits de la vie humaine qui semblent lui être liés.

Nous avons parlé du changement de caractère – appelez-le par n'importe quel nom ou par aucun – qui suit l'obéissance à Jésus. A cet égard, il y a une autre chose des plus merveilleuses à considérer. Ce que je dois mentionner maintenant est, sur la simple base du bon sens et du raisonnement mondain, le plus merveilleux et le plus inexplicable de tous les faits observés parmi les hommes en relation avec tout être qui n'est pas visible avec eux. forme tangible; Je fais référence à l'amour incomparable que ses vrais disciples ressentent envers lui, non pas en tant qu'enseignant, mais en tant que personne.

Personne ne peut le nier. Qui, si Jésus n'était qu'un homme, peut l'expliquer ?

Aucun homme qui connaît l'histoire, ou le monde d'aujourd'hui, ne doutera un seul instant que des millions et des millions d'êtres humains – hommes, femmes et petits enfants – ont ressenti et montré pour la personne de Jésus l'amour le plus captivant ; un amour qui chassait toute peur et maîtrisait tous les autres amours. Certains grands enseignants et dirigeants, alors qu'ils étaient encore dans la chair, ont eu des disciples et des amis qui les aimaient suffisamment pour risquer leur vie et mourir pour eux. On peut comprendre le soldat qui, un jour, alors qu'un obus tombait près du premier Napoléon, alors qu'il était sur le point d'exploser, se jeta entre la bombe mortelle et son chef bien-aimé, et jetant ses bras autour de lui, mourut à sa place. Mais alors que Napoléon était en exil à Sainte-Hélène , il se plaignit un jour que, parmi tous ceux avec qui il s'était lié d'amitié au temps de son pouvoir, il n'y en avait aucun pour tirer l'épée à sa place lorsqu'il était en exil. Qui mourrait pour Napoléon maintenant ?

Il y a eu des penseurs, des poètes, des orateurs, des philosophes qui ont des admirateurs enthousiastes qui se battent pour eux dans la jolie guerre des mots. Shakespeare a autant d'admirateurs que les plus grands du monde. Mais qui l'aime – l'homme – d'une manière aussi profonde et captivante que des millions de personnes ont aimé et aiment encore l'homme – Jésus de Nazareth ? Cela vous surprend d'entendre une telle question. Si Jésus était seulement un homme, la question ne devrait pas surprendre. Comment se fait-il qu'un tel amour, comme l'a montré la grande armée des martyrs et des confesseurs, n'ait jamais été ressenti pour personne, sauf pour ce paysan galiléen ?

Il n'y a jamais eu un tel amour pour Bouddha ou Mahomet. Un tel amour n'a jamais été professé envers les fondateurs du bouddhisme ou du mahométanisme. Un tel amour n'a jamais été ressenti pour une personne disparue depuis longtemps du milieu des hommes.

Cet amour n'est pas comme le fanatisme qui lutte pour sa propre idée ; c'est l'amour d'une personne pour une personne. Cet amour pour Jésus s'est révélé être le maître amour qui a toujours régné dans le cœur humain. Pour cet amour, tous les autres amours ont été abandonnés – ont été crucifiés.

Les hommes et les femmes, dans leur sens, donnent-ils leur force et leur service tout au long de leur vie pour un autre nom ? Mourir joyeusement pour un autre nom ? Mourir pour quelqu'un qui a disparu d'eux depuis longtemps – qui a disparu du monde et, autant que le sens et la raison le sachent, disparu pour toujours ? Mais ni le laps de siècles, ni les distances séparant les mers, ni les distances inconnues entre ce monde et le monde que les hommes ne connaissent pas, ou la séparation par les différences de race, refroidit cet amour. Ce que les martyrs ont fait à Jérusalem, ils l'ont fait peu après à Rome, à Alexandrie, dans toutes les villes et tous les pays de cette époque et de cette partie du monde. Ils ont fait la même chose – ils sont morts avec des chants aux lèvres pour cet homme de Galilée – au cours des siècles qui ont suivi. C'était ce qu'ils faisaient au Moyen Âge dans tous les pays d'Europe. C'est ce qu'ils ont fait à notre époque dans cette grande île, Madagascar, qui a montré dans les ténèbres fils des tropiques, dont les pères étaient des idolâtres païens, l'amour absolu des hommes, des femmes et des enfants pour le Jésus qu'ils n'avaient jamais vu. ; qui vivait à l'autre bout du monde et qui a enseigné aux hommes comment être sauvés il y a près de deux mille ans. Ils sont morts à Madagascar comme ils sont morts à Rome, « l'amour du Christ les contraignant ».

Et les meilleures personnes du monde d'aujourd'hui mourraient pour lui dans tous les pays où sa parole est parvenue. Et cet amour devient plus complet et plus fort ; Jésus est plus présent dans les pensées et dans l'amour des hommes qu'il ne l'a jamais été.

Si vous voulez, dans un certain sens, vous rendre compte de la merveille dont nous parlons maintenant, essayez d'imaginer une passion telle venant aujourd'hui dans le cœur de millions d'hommes qu'elle les pousserait à mourir dans les joies pour Socrate ou pour tout autre né d'une femme. , sauver la

Homme qui était autrefois charpentier dans l'atelier de Joseph à Nazareth de Galilée. Vous ne pouvez pas imaginer une telle chose. Quant à Jésus et à l'amour pour lui, cela n'est pas laissé à l'imagination ; nous avons l'histoire. Et nous connaissons une grande multitude de personnes qui mourraient volontiers pour Jésus maintenant si l'épreuve du martyr leur arrivait.

Lorsque Jésus disparut de la vue des hommes, il n'y avait aucune probabilité humaine que son nom soit autre chose qu'un reproche, jusqu'à ce que, comme tout criminel ordinaire - comme les voleurs oubliés entre lesquels il est mort - son nom et son sort disparaissent de la mémoire. des hommes. Humainement parlant, il était certain qu'il n'aurait jamais de disciple solitaire. Aucun homme sensé, comptant sur les probabilités ordinaires des motivations et des actions humaines, n'aurait pu concevoir la possibilité d'un vaste corps de disciples, toujours en croissance, et poussant ses conquêtes à travers le monde, se tenant ensemble au fil des siècles, endurant toutes sortes d'opposition. et une persécution amère, et maintenant, en cette année 1889, la force maîtresse du monde ; une force qui, au-delà de toute contestation, est aujourd'hui l'influence la plus active, la plus agressive et la plus révolutionnaire jamais exercée parmi les hommes.

Cela n'aurait pas pu être conçu ; toutes les puissances dominantes du monde étaient dressées contre lui ; il n'y avait pas une étoile qui brillait pour Jésus s'il n'était qu'un homme.

Mais Jésus crucifié continue de vivre. Autour de sa croix a été le champ de bataille des siècles. Tout ce que l'habileté humaine et la haine amère pouvaient faire ont été faits pour éteindre la lumière qu'il a allumée sur le Calvaire. Mais il continue à vivre, il vit dans les hommes d'aujourd'hui ; seul, il poursuit son chemin de conquête. Ses serviteurs, parce qu'ils l'aiment, défendent sa cause dans toutes les nations sous le ciel. Comme autrefois, dans les pays qui bordaient la Méditerranée, ainsi aujourd'hui parmi les grandes nations païennes, en Inde, en Chine, au Japon, en Afrique et dans les îles de la mer, ils racontent l'histoire qu'il leur ordonna de répéter jusqu'à ce que il devrait revenir. Et, en le disant, ils sont maintenant, comme aux jours de ses premiers apôtres, « bouleversant le monde ».

Dans chaque pays, ses enfants bâtissent son royaume. Ils meurent pour lui et d'autres prennent leur place ; et ainsi l'œuvre commencée à Jérusalem ne cesse jamais. L'histoire confirme sa promesse : « Je serai avec vous tous les jours , même jusqu'à la fin du monde ».

Un tel personnage n'aurait pas pu être conçu si une telle vie n'avait pas été vécue ; une telle vie n'aurait pas pu surgir du sol hébreu ; aucun simple homme n'a jamais connu les vérités les plus profondes sans enquête ni ne les a enseignées sans les prouver ; aucun simple homme n'a jamais conçu une œuvre telle que celle que Jésus s'est proposée, et aucun simple homme n'aurait adopté le méthodes utilisées par Jésus ; aucun simple homme n'a jamais conçu une entreprise aussi vaste que la conquête morale de la race ; aucun homme n'a jamais pris une emprise aussi magistrale sur la conscience, l'amour et la volonté de l'humanité.

Ce que Simon Pierre a dit constitue aujourd'hui la foi de l'Église : « Tu es le Christ, le Fils du Dieu vivant ». Les grandes paroles de saint Jean demeurent comme l'enseignement de l'Écriture et le verdict de la raison et de l'histoire : « La Parole était avec Dieu, et la Parole était Dieu... Et la Parole s'est faite chair et a habité parmi nous. , (et nous avons vu sa gloire, la gloire comme celle du Fils unique du Père,) pleine de grâce et de vérité.

Les faits de son humanité, de son œuvre et de son influence dans le monde nous interdisent de classer Jésus parmi les hommes, et la reconnaissance de sa divinité explique à elle seule les faits de son humanité. Considéré comme Dieu-homme, tout est en harmonie ; les miracles prennent la place qui leur revient dans les archives de son histoire, et l'esprit et la nature, le ciel et la terre, Dieu et l'homme se rencontrent en Jésus, le Christ.

Mais – s'il n'est qu'un homme – c'est un homme qui mérite mille fois la peine de mourir et de le suivre pour toujours, à travers le temps et l'éternité.

www.ingramcontent.com/pod-product-compliance
Lightning Source LLC
LaVergne TN
LVHW091617170726
843492LV00007B/2472